DR. OLFIDIER JORGE GAMA C.

EL DISEÑO DE DIOS

ESTUDIO DE TEOLOGÍA APOLOGÉTICA Y DE AUTORRELIZACIÓN PERSONAL

HOUSTON TEXAS, ESTADOS UNIDOS.

NOVIEMBRE DE 2016.

CONTENIDO

LIBRO I. REVELACIONES Y MANIFESTACIONES DEL DISEÑO.

I. INTRODUCCIÓN A LA TEOLOGÍA APOLOGÉTICA.   21

INTRODUCCIÓN

El siguiente estudio de Teología Apologética contiene las bases fundamentales de la demostración de la existencia de Dios; teniendo en cuenta, el diseño preestablecido antes de la fundación del mundo, pero manifestado en el diseño perfecto del Creador y de su creación.

Cada parte contiene una proyección del diseño, tomando lo general y profundizándolo en lo particular, de forma concéntrica como una estrategia pedagógica; la cual permite el avance del conocimiento en la proyección del diseño.

Podemos reconocer el diseño del Dios Todopoderoso, por medio de la revelación de las manifestaciones de sus atributos y sus perfecciones. Teniendo en cuenta, que el Dios Omnipotente, carece de diseño inicial por su carácter eterno. Solamente tenemos el Diseño Divino basado en sus manifestaciones, para nuestro, análisis, aprendizaje, y modelo de vida.

Se ha tomado como base la apologética del diseño. Para demostrar la existencia de Dios en la creación como diseño perfecto, y la participación del Dios Sabio e Inteligente en cada diseño complementario como parte del diseño perfecto.

Dentro del diseño se estable el objetivo primario; el cual es dar vida y la permanencia de la misma. Todo diseño complementario y dependiente cumple con el objetivo central en la creación del universo. Garantizar la vida, la permanencia de la vida, procrear y dar vida. Todo aquello que está en contra de la vida y combate la vida, desaparece por carecer del propósito del diseño.

Cada planteamiento del Diseño apunta a demostrar la sabiduría e inteligencia de Dios en todo lo creado. No se discute la existencia de Dios, pues no se requiere. Se da por sentado que la sabiduría del diseño y el propósito del universo de dar vida son razones suficientes, para afirmar al Creador en su Majestuosa Creación.

Se establece que la vida no surgió del mundo creado; sino que se creó un mundo para proteger, mantener y permitir el hábitat de la vida. Es un mundo perfecto, pues permite la reproducción de la vida y su permanencia.

Dios dentro de su diseño creó el diseño perfecto, el cual salvo el diseño preestablecido desde antes de la fundación del mundo. Con la manifestación del diseño de su Hijo sobre la tierra, podemos percibir el diseño profético en las Sagradas Escrituras, y a la vez reencontrarnos con nuestro diseño predestinado desde antes de la fundación del mundo: "Ser conforme a la imagen de su hijo".

AGRADECIMIENTOS

Al Dios Elohim, creador de los cielos y la tierra. Por darnos a conocer el diseño de su amor, por medio de las Sagradas Escrituras, y la revelación de su Hijo; y por darnos la oportunidad de vivir y conocer sus maravillas.

A mi bella familia, diseño eterno de Dios.

A cada lector, participante del Diseño.

PRÓLOGO

El diseño te enriquecerá. Por medio de este Estudio de Teología apologética, como lector podrás fundamentar tu fe en el Dios creador de los cielos y de la tierra. Será una aventura poder ingresar por los senderos que te llevan a explorar los conocimientos del Dios Todopoderoso.

Es mucha la información teológica inspiracional que se encuentra en este libro, incluyendo argumentos sólidos y científicos; los cuales, afirman verdades Bíblicas que han sido cuestionadas sin fundamentos válidos. Un encuentro con estas verdades harán que tu vida sea bendecida. Tu vida no volverá a ser la misma.

Será una bendición poder ingresar en el conocimiento profundo de verdades teológicas que nos permitan enriquecer el mensaje salvífico; Por medio de las manifestaciones y revelaciones plasmadas en las Sagradas Escrituras; creando así, un pensamiento apologético y veraz en la defensa de la fe salvadora.

Puedes disfrutar de los conocimientos científicos, aplicados en el mismo diseño de la creación, te producirán, inspiración y deseos de enseñar verdades fundamentadas, en las Sagradas Escrituras con bases científicas. El diseño te enriquecerá tu vida personal, tu ministerio, y tu valor y amor por el Creador.

El mejor diseño del mundo inspirará tu vida, y te llevará a dimensiones sobrenaturales, al descubrir el poder y los tesoros del Dios todopoderoso, y el diseño de su Hijo.

Los planteamientos apologéticos se convertirán en tesoros fundamentales para enseñar la fe y vivir una vida victoriosa.

El Dios de los cielos es tu mayor diseño, por medio de las Sagradas Escrituras, conocerás el más grande diseño, y por medio de este Estudio de Teología Apologética, encontrarás poderosos argumentos que te convertirán en una persona poderosa. El Hijo de Dios es tu mejor diseño.

Bienvenido a descubrir tu verdadero diseño.

INVESTIGACIÓN

Todo trabajo que quiera bendecir a la humanidad se debe iniciar en el campo de la investigación, del entorno, para dar soluciones a las necesidades presentes y futuras.

En el estudio de campo se pudo detectar la necesidad de la profundización Teológica, y la necesidad de fundamentación en la fe verdadera, en el Único Dios Verdadero; además, volver a afirmar los fundamentos de la fe y defender con verdad, y ciencia, las dudas de la comunidad actual.

Se han encontrado comunidades enteras, abusadas y engañadas en el ambiente actual. Ambiente profetizado y anunciado por los profetas, y por nuestro Señor Jesucristo. Un ambiente carente de verdad y fundamento bíblico, que ha permitido el avance de la mentira de Satanás, y el engaño de comunidades y países enteros.

Después de ver y escuchar muchos planteamientos escépticos y teorías sin fundamento, acerca de la creación del mundo, y ver cómo la gente se confunde, de tanto argumento inconsistente. Al escuchar predicadores en diferentes países del mundo, atrapados entre los argumentos seudocientíficos, y entre corrientes heréticas, se percibe la profunda necesidad de crear y fundamentar un pensamiento apologético, que reubique a la comunidad en una fe verdadera en su Creador.

Estas necesidades me han inspirados y conducido a redactar este Estudio de Teología Apologética.

JUSTIFICACIÓN

Este Estudio de Teología Apologética surge de las grandes necesidades, vistas y analizadas en el Estudio de Campo antes mencionadas.

El mundo actual va muy rápido, no tiene tiempo para analizar hacia dónde va. La fe fundamentada está desapareciendo; pues no hay tiempo para profundizar y fundamentar el pensamiento. Este planteamiento nos lleva a reaccionar que es el tiempo de volver a trabajar en la afirmación, fundamentación y defensa de la fe.

El mundo actual necesita con urgencia, volver a una fe fundamentada; basada en las Sagradas Escrituras y acorde con los descubrimientos o revelaciones científicas actuales. Las Escrituras proveen todos los fundamentos necesarios, para no chocar, sino afirmar con verdad Divina, todos los cambios y los nuevos argumentos en desarrollo.

Estas necesidades me conducen a pensar y redactar este Estudio de Teología Apologética, con argumentos válidos, lógicos, y Bíblicos; de tal manera, que se pueda demostrar la existencia de Dios y fundamentar la fe, por medio del argumento del Diseño existente en el Creador, el diseño del universo, el diseño de las Sagradas Escrituras, y en la revelación del diseño presentado en el Hijo de Dios.

Todo aquel, que logre encontrar el Diseño, tendrá la base para el éxito de la vida. ¡Bienvenido! descubre el Diseño y alcanza tu éxito. Esta es la mayor razón de este libro. Tu éxito.

OBJETIVOS

Este tratado de Teológica Apologética se centra en alcanzar objetivos que profundicen en el conocimiento y la afirmación de la fe, con una demostración lógica y Bíblica de la presencia inteligente de Dios en el diseño de la creación.

Fundamentar la fe en el Dios Creador del universo.

Dar reconocimiento al Dios sabio por el diseño perfecto en la creación.

Afirmar el valor de la vida, con el objetivo primario en la creación, el cual se fundamenta en dar vida.

Mostrar el propósito del diseño divino, como parte de nuestro análisis, aprendizaje y base de nuestro éxito en el diario vivir.

Presentar a Jesucristo como el máximo diseño, predestinado desde antes de la fundación del mundo, como la base de nuestro diseño de vida.

Inspirar a cada lector a ser la imagen de Dios, basada en la imagen del Hijo de Dios.

Llevar a cada persona al éxito de la vida, por medio del conocimiento del diseño.

LIBRO I

REVELACIONES Y MANIFESTACIONES DEL DISEÑO.

FUENTE DE TODA RIQUEZA.

CAPÍTULO I

INTRODUCCIÓN A LA TEOLOGÍA APOLOGÉTICA.

CONOZCAMOS EL DISEÑO DE DIOS POR MEDIO DE SUS MANIFESTACIONES.

"Asi dice el Señor Eterno: No se alabe el sabio en su sabiduría, ni en su valentía el valiente, ni el rico se alabe en sus riquezas. Mas alábese en esto el que se hubiere de alabar: en entenderme y conocerme, que yo el Señor Eterno, hago misericordia, juicio y justicia en la tierra; porque estas cosas quiero dice el Señor Eterno". (Jeremías 9:23,24)

En primer lugar deseo hacer una introducción a la teología, para ubicarnos mejor en el campo en el cual nos vamos involucrar.

Cuando se habla de teología, se puede definir etimológicamente como el estudio de Dios. El idioma griego ha sido una gran herramienta que nos permite definir con más claridad la idea del Dios del universo. THEOS, Dios, y LOGOS, estudio o tratado. Entonces podemos definir la teología como la ciencia que estudia a Dios.

Existen muchas ideas en el mundo y definiciones que demarcan la idea de Dios, de acuerdo a diferentes credos, religiones, corrientes doctrinales y hasta pensamientos escépticos; sin embargo, este tratado de teología apologética estará fundamentado en la Teología Bíblica, y aun en la Teología Sistemática; Teniendo como base exclusiva, las Sagradas Escrituras.

ANÁLISIS:

De acuerdo al idioma griego, defina qué significa Teología.

Explique, en qué consiste la vida eterna.

MEMORIZACIÓN:

"Esta es la vida eterna, que te conozcan a ti, el único Dios verdadero, y a Jesucristo a quien has enviado". (Juan 17:3)

A. LA TEOLOGÍA.

La teología tiene diferentes ramas por medio de las cuales, se organizan: la Teología Sistemática, la Teología Bíblica, la Teología Ética o pastoral y la Teología Dogmática.

"La teología debe ser una contemplación de los misterios de Dios, en un espíritu de oración".

Pastor, Pierre Courthial.

1. TEOLOGÍA BIBLICA.

La Teología Bíblica estudia el contenido de las revelaciones de Dios en las Sagradas Escrituras. De forma progresiva, analítica y exegética.

Progresiva, porque permite el estudio continuo y constante del contenido de las revelaciones del Dios Celestial y sus doctrinas.

Analítica, porque trata los puntos de vista planteados en cada libro de las Sagradas Escrituras.

"La teología debe ser una contemplación de los misterios de Dios, en un espíritu de oración".
Pastor, Pierre Courthial.

Exegética, porque recoge los resultados dispersos y los analiza con el propósito de profundizar en cada una de las partes, y etapas de toda la revelación histórica y salvífica en las Sagradas Escrituras; construyendo así, el todo de sus partes.

La Teología Bíblica ha abierto sus puertas a la Crítica Textual, y a la Alta Crítica.

La Crítica Textual se ocupa del análisis y estudio de los textos antiguos, y originales, los cuales proveen luz a la revelación original.

La Alta Crítica estudia la paternidad de los libros sagrados, y sus diferentes circunstancias. Las fechas de los escritos, su estilo literario, y las razones de su inspiración.

ANÁLISIS:

La Teología Bíblica estudia el contenido de las revelaciones de Dios en las Sagradas Escrituras. Defina las tres herramientas que utiliza.

MEMORIZACIÓN:

"Antes bien, creced en la gracia, y en el conocimiento de nuestro Señor y Salvador Jesucristo. A él sea gloria ahora y hasta el día de la eternidad. Amén". (1 Pedro 3:18)

2. TEOLOGÍA SISTEMÁTICA.

La Teología Sistemática estudia en forma estructurada, como un todo, la revelación de Dios, sus doctrinas, los efectos salvíficos en el hombre. Utiliza la síntesis y la fragmentación. Nos ofrece el resultado completo de la revelación y sus doctrinas.

La Teología Sistemática se nutre de la Teología Bíblica.

3. TEOLOGÍA PASTORAL O ÉTICA.

La Teología Ética, es la teología de la práctica, o de la acción; la cual, trata los fundamentos Bíblicos de la conducta moral cristiana, basada en los principios divinos y la santidad de Dios. Es una herramienta pastoral, aplicada constantemente al rebaño del Señor; la cual conserva a la iglesia como "la sal de la tierra y la luz del mundo".

4. TEOLOGÍA DOGMÁTICA O HISTÓRICA.

La Teología Dogmática contiene la historia de las religiones y sus diversos pensamientos. Ha tenido que enfrentar las diferentes doctrinas, a través del tiempo, y su vez sobresalen las influencias de las corrientes doctrinales, el pensamiento individual de los diferentes, teólogos, religiones y doctrinas. Estas influencias hacen que la Teología Dogmática sea constantemente revisada y corregida.

"La Teología Bíblica aporta los materiales para la construcción, la Teología Dogmática los pule, la Teología Sistemática levanta el edificio, y la Teología Ética enseña cómo es dicho edificio". Teólogo Kevan.

ANÁLISIS:

Explique cada una de las ramas de la teología.

Teología Bíblica ________________________________

Teología Sistemática ________________________________

Teología Pastoral o Ética ________________________________

Teología Dogmática o Histórica

MEMORIZACIÓN:

"Y esta es la vida eterna, que te conozcan a ti, el único Dios verdadero, y a Jesucristo, a quien has enviado". (Juan 17:3)

B. TEOLOGÍA APOLOGÉTICA.

La Teología Apologética es aquella que demuestra con el testimonio personal, con argumentos bíblicos y lógicos la existencia de Dios, y sus propósitos eternos para con la humanidad. La Apologética es la ciencia que defiende la fe y las razones por las cuales se cree y se debe creer.

> El buen ejemplo es la mejor defensa que demuestra lo que se cree.

La Apologética apostólica nos fundamenta la necesidad de defender la fe. *"… estad siempre preparados, para presentar defensa con mansedumbre y reverencia, ante todo el que os demande razón de la esperanza que hay en vosotros".* (1 Pedro 3:15)

La palabra "defensa" se deriva del griego "Apología" y muestra una defensa con la conducta y proceder. El buen ejemplo es la mejor defensa que demuestra lo que se cree.

"La Apología es una defensa verbal, un discurso en defensa de aquello que uno ha practicado y demuestra la verdad que cree". Teólogo Wilbur Smith.

La palabra apología se utiliza ocho veces en el nuevo testamento griego.

Especialmente la palabra "Apología" o "defensa" fue utilizada por el apóstol San Pablo por las circunstancias que el atravesaba en sus constantes juicios, por ser un predicador del evangelio. *"Varones hermanos y padres, oíd ahora mi defensa ante vosotros"* (Hechos 22:1).

"A estos respondí que no es costumbre entre los Romanos, entregar a alguno a la muerte, antes que el acusado tenga delante a sus acusadores, y pueda defenderse de su acusación". (Hechos 25:6)

"En mi primera defensa ninguno estuvo a mi lado, sino que todos me desampararon; no les sea tomado en cuenta". (2 Timoteo 4:16)

"...los otros por amor, sabiendo que estoy puesto para la defensa del evangelio". (Filipenses 1:17)

"En mis prisiones, y en la defensa y confirmación del evangelio, todos sois participaciones conmigo de la gracia". (Filipenses 1:7)

"Contra los que me acusan, esta es mi defensa". (1 Corintios 9:3)

¡Qué solicitud produjo entre vosotros, qué defensa, qué indignación, qué temor, qué ardiente afecto, qué celo, y qué vindicación! (2 Corintios 9:3)

El octavo versículo es la máxima exhortación apologética, expresada por el apóstol San Pedro.

"Estad siempre preparados, para presentar defensa, con mansedumbre y reverencia, ante todo el que os demande razón de la esperanza que hay en vosotros". (1 Pedro 3:15)

El Dr. Josh McDowell afirma: *"El cristianismo lo es todo para el mundo, o es nada".*

El mismo Dr. McDowell en su libro "Evidencia que exige un veredicto", plantea la tesis apologética siguiente:

"Hay un Dios infinito que todo lo sabe, que todo lo puede, que es todo amor, y que se ha revelado por medios naturales y sobrenaturales en la creación, en la naturaleza del hombre, en la historia de Israel y de la iglesia, por medio de las páginas de la Santa Escritura, en la encarnación de Dios en Cristo, y en el corazón del creyente por el evangelio". Dr. Josh McDowell.

> Hay un Dios infinito que todo lo sabe, que todo lo puede.

En este libro quiero hacer planteamientos apologéticos, utilizando argumentos bíblicos y científicos; los cuales, hacen verdades innegables sobre la existencia de Dios, y sus propósitos eternos, para con la humanidad.

ANÁLISIS:

Defina la Teología Apologética.

Describa, cuál es el propósito de la teología apologética.

MEMORIZACIÓN:

"… Y estad siempre preparados para presentar defensa con mansedumbre y reverencia ante todo el que os demande razón de la esperanza que hay en vosotros". (1 Pedro 3:15)

C. REVELACIONES Y EXPRESIONES.

Una de las cosas más maravillosas para el ser humano es poder recibir una luz, una visión, una oportunidad de conocer algo, que tenga que ver con el Dios Todopoderoso. Pero también a la vez ha sido lo más difícil para el hombre, poder percibir e interpretar las manifestaciones del Dios Viviente; sin embargo, el Dios del amor en su infinita bondad a tratado de comunicarse con nosotros (no ha sido fácil para Él), nos ha mostrado su bondad en su provisión diaria, por medio del mundo inteligente, creado en su omnisciencia, con sus millones de diseños inteligentes, los cuales se complementan, haciendo un universo y un hábitat completo, para todas sus criaturas. Cumpliendo así, con el propósito de dar vida.

El Dios revelado se ha manifestado a diferentes hombres y mujeres a través de la historia, extendiendo su mano bondadosa, y solucionando sus problemas y sus situaciones limitadas. Como un Padre Amoroso nos envió las Sagradas Escrituras. Como una carta de amor, mostrándonos sus propósitos eternos, sus bondades y el dibujo descriptivo del plan redentivo para el ser humano.

Se manifestó a través de su hijo como la expresión más grande de su esencia y su infinito amor.

El apóstol San Juan nos revela las palabras directas del Unigénito Hijo de Dios:

"Porque de tal manera amó Dios al mundo, que ha dado a su Hijo Unigénito, para que todo aquel que en él cree, no se pierda, más tenga vida eterna". (Juan 3:16)

La manifestación de su Hijo nos proveyó una imagen más clara de lo que era su bondad, amor, misericordia, compasión, santidad, provisión, poder, y su deseo de compartirlo todo con nosotros.

"El que no escatimó a su propio hijo, sino que lo entregó, por todos nosotros. ¿Cómo no nos dará con él todas las cosas? (Romanos 8:32)

> La manifestación de su Hijo nos proveyó una imagen más clara de lo que era su bondad.

A través de la historia el Dios eterno e infinito, se manifestó revelando parte de su esencia, por medio de nombres y acciones que demostraban atributos o parte de su perfección. Cada nombre fue una revelación de su esencia personal, y también de su esencia bendecidora hacia el hombre. Veamos algunas revelaciones, expresiones, y perfecciones atribuidas por medio de sus nombres; Por medio de estas revelaciones podemos plasmar una imagen, una descripción, para dibujar el Diseño del Dios del Universo

---

ANÁLISIS:

Explique las diferentes formas cómo Dios se nos ha revelado, y manifestado.

MEMORIZACIÓN:

"El que no escatimó a su propio hijo, sino que lo entregó por todos nosotros, ¿Cómo no nos dará con él todas las cosas? (Romanos 8:32)

1. EL DISEÑO REVELADO DE ELOHIM.

Las Sagradas Escrituras inician anunciando la presencia creadora de Elohim, es la primera descripción del diseño del Dios creador. *"Todo se hizo por medio de él, y para Él"* (Colosenses 1:16).

En el principio creo Dios (Elohim) los cielos y la tierra. (Génesis 1:1). Denota poder, por medio de su palabra creadora.

El escritor a los hebreos inspirado por el Espíritu Santo, afirma:

"Por la fe entendemos haber sido constituido el universo por la palabra (del Griego RHEMA) de Dios (del griego THEOS), de modo que lo que se ve fue hecho de lo que no se veía". (Hebreos 11:3)

El poder de Elohim se manifestó por medio de su palabra creadora, la cual se expresa en el idioma griego como "RHEMA". La rhema tiene el poder y la autoridad de expresarse y hacer que las cosas sucedan.

Quisiera agregar un ejemplo del poder y la autoridad de la palabra rhema.

"Un leproso se acercó y se arrodillo delante de Jesús y le dijo: Señor si quieres puedes limpiarme. Jesús extendió la mano y le tocó diciendo: quiero, sé limpio, y al instante la lepra desapareció". (Mateo 8:1)

Jesús era el Hijo de Elohim y tenía la autoridad y el poder para crear, por medio de la palabra rhema. Creó un hombre sano con el poder de su palabra.

"Por la fe entendemos haber sido constituido el universo por la palabra (del Griego RHEMA) de Dios (del griego THEOS).

Siendo Todopoderoso, de Elohim emana respeto, temor y reverencia, y es digno de toda adoración. Por ser el único Dios verdadero, poderoso, fuerte y suprema Deidad. Elohim denota la forma plural de la Divinidad. Dejando como marco legal la manifestación plural del Padre Eterno, el Hijo Redentor, y el Espíritu Santo Consolador.

Elohim en su manifestación plural refleja una imagen y una semejanza la cual plasmará en su máxima creación, el ser humano.

"Entonces dijo Dios (Elohim): *Hagamos al hombre a nuestra imagen, conforme a nuestra semejanza..."* (Génesis 1:26)

En esta expresión se denota, la imaginación de Elohim, su paradigma, su pensamiento creativo, su diseño mental para la creación del hombre, los componentes de sabiduría, de inteligencia, de carácter, de autoridad, y de señorío; los cuales, se manifiestan en la creación del hombre y la mujer como parte de su bendición verbal.

Después del diseño vino la ejecución maestra y divina:

"Y creó Dios al hombre a imagen de Dios los creó varón y hembra los creó" (Génesis 1:27).

Después del diseño, y de la creación, viene la bendición verbal, la palabra creadora (la rhema); de Elohim se expresa, plasmando en el hombre la bendición de su ejercicio como ser inteligente hecho a la imagen y semejanza de Elohim.

"Y los bendijo Elohim, y les dijo: fructificad y multiplicaos; llenad la tierra, y sojuzgadla, y señoread..." (Génesis 1:28) Y fue así.

La bendición de Elohim en su palabra creadora, hizo a los seres humanos inteligentes, creativos, multiplicadores, señores y administradores de la tierra y de su destino.

> Y creó Dios al hombre a imagen de Dios los creó varón y hembra los creó.

Elohim se manifiesta como el Dios Plural, El Dios que se presentará en la historia como el Padre de todos los vivientes, siendo su creador; como el Hijo, siendo su redentor; además, la revelación del Espíritu Santo, como su gran amigo y consolar. Siendo cada manifestación una personalidad independiente y única, pero en unidad perfecta en la dimensión espiritual.

Las Sagradas Escrituras presentan pruebas indudables sobre la pluralidad de Elohim en la creación, haciendo la siguiente afirmación:

"En el principio creó Dios los cielos; y la tierra y la tierra estaba desordena y vacía y el Espíritu de Elohim se movía sobre la faz de las aguas" (Génesis 1:1,2).

El Evangelista San Juan inspirado por el Espíritu Santo, afirma:

"En el principio era el verbo, y el verbo era con Dios, y el verbo era Dios" (Juan 1:1)

Haciendo referencia al Unigénito Hijo de Dios.

Con base en estas dos bases bíblicas, podemos definir al Dios plural Triuno en la creación. Por medio del plural mayestático se utiliza al sustantivo plural, con la forma verbal en sus adjetivos y pronombres de forma singular. Denotando así, la grandeza infinita y supremacía sin límites de Elohim.

Elohim se relaciona con el hombre en su Soberanía, presentándose como el Señor y Dios de toda la tierra, y Dios te los cielos, y creador de todo el universo, Dios de toda carne, Dios de dioses y Señor de señores, y Dios de justicia. (Isaías 54:5; Jeremías 32:27; Nehemías 2:4; Génesis 1:1; Deuteronomio 10:17; Salmo 58:11)

ANÁLISIS:

Se presenta a Elohim como el Creador con el poder de su palabra. Defina a Elohim en sus múltiples manifestaciones e interpretaciones.

MEMORIZACIÓN:

"En el principio creó Dios los cielos y la tierra".
(Génesis 1:1)

2. EL DISEÑO DE YAHVEH.

Otro nombre que nos permite alcanzar otra revelación del Diseño de Dios, en sus atributos y personalidad es Yahveh. ***"El yo soy, el que soy"*** (Éxodo 3:14) demostrando su existencia constante y eterna. El Dios Eterno, el Dios de ayer, el Dios de hoy, y el Dios que es por los siglos de los siglos.

Este nombre proviene de la raíz hebrea HAWA que significa existencia, y denota la existencia propia del Dios Eterno. Yahveh fue el nombre con que Dios se dio a conocer a los Israelitas, el Dios que se manifestó a Moisés, y el Dios que los liberó de la esclavitud egipcia. Para los judíos es un nombre supremamente sagrado. Consideran que no se debe pronunciar; pues, se puede considerar como la violación del mandamiento de: "no usar el nombre de Yahveh en vano"; a cambio, se utilizaba el nombre Adonai.

De la combinación Yahveh y Adonai, surgió el nombre Jehová. Esta revelación de Yahveh nos abrió los ojos, y pudimos ver, la imagen del Dios Eterno. El Dios siempre presente, el Dios del instante, el *"YO SOY"*, el Dios que siempre está contigo y conmigo. *"El no temas, yo estoy contigo", el "Yo soy la resurrección y la vida". "...es el mismo de ayer, y hoy, y por los siglos".* (Hebreos 13:8) *"...Santo, santo, santo es el Señor Dios Todopoderoso, el que era, el que es, y el que ha de venir".* (Apocalipsis 4:8).

La revelación del Dios eterno es la que permite a los humanos confiar en la salvación de Jesucristo ejecutada en el pasado, aplicada en el presente a todo aquel que viene a los pies del Redentor; Además, permite tener la plena esperanza para sus creyentes que esperan fielmente en su venida. Estamos seguros y confiados que lo mejor viene: lo mejor está por venir.

La presencia de Yahveh en diferentes circunstancias nos ha permitido recibir más revelaciones sobre las manifestaciones de Dios en la vida diaria. En enfermedades y limitaciones físicas, en necesidades en desiertos, en defensa de enemigos, en batallas y en conquistas territoriales, en provisiones de bondad. Dándose a conocer así, como el Dios eterno en su manifestación siempre constante, activo, y bondadoso por todas las generaciones. De esta manera, nos dio a conocer su eterna manifestación en el mundo temporal de la humanidad. Enriquezcamos nuestra vida con las revelaciones y manifestaciones siguientes.

ANÁLISIS:

Yahveh se nos es presentado como el Dios Eterno, siempre presente. De algunos ejemplos de su revelación.

MEMORIZACIÓN:

"Y respondió Dios a Moisés: YO SOY EL QUE SOY. Y dijo: Asi dirás a los hijos de Israel: YO SOY me envió a vosotros". (Éxodo 3:14)

3. EL DISEÑO DE JEHOVA JIREH.

El Dios eterno Yahveh se presentó a Abraham, y le dio la revelación del diseño del Dios de la eterna provisión. Abraham sube al monte Moriah a ofrecer en sacrificio a su hijo Isaac, en obediencia. Creyendo que el Dios de la provisión, se proveerá de cordero.

Abraham llevaba la leña, el fuego, pero no llevaba un cordero. Llevaba a su hijo Isaac. Él tenía la seguridad en el Dios de la eterna provisión. El escritor sagrado, afirma: *"Por la fe Abraham cuando fue probado, ofreció a Isaac; y el que había recibido las promesas ofrecía su unigénito...pensando que Dios es poderoso para levantar aun de entre los muertos..."* (Hebreos 11:17,19)

Abraham conoció a Jehová Jireh. Cuando Abraham terminó el proceso de obediencia ofreciendo en sacrificio a su hijo, vio la manifestación de Jehová Jireh. *"Entonces alzó Abraham sus ojos y miró, y he aquí a sus espaldas un carnero trabado en un zarzal por sus cuernos; y fue Abraham y tomó el carnero y lo ofreció en holocausto en lugar de su hijo, y llamó Abraham el nombre de aquel lugar Jehová Proveerá. Por tanto se dice hoy: En el monte de Jehová será provisto".* (Génesis 22:13,14)

ANÁLISIS:

Jehová Jireh es el Dios Eterno de las provisiones eternas, Él es nuestra confianza diaria. Explique la forma en que Abraham recibe la revelación del Dios de las provisiones Eternas.

> Jehová Jireh es el Dios Eterno de las provisiones eternas.

MEMORIZACIÓN:

"Y llamó Abraham el nombre de aquel lugar Jehová proveerá. Por tanto se dice hoy: En el monte de Jehová será provisto". (Génesis 22:14)

4. EL DISEÑO DE YAHVEH NISSI.

Jehová es mi bandera. Tengamos en cuenta el principio, de que en Yahveh todo es eterno. Jehová eternamente será mi bandera. Esta es otra revelación del diseño de Dios que conocemos: Dios puede dar siempre victorias a su pueblo. Él es, el Dios que siempre da la victoria.

Los hebreos venían de Egipto, cansados, desubicados, en un desierto desconocido. Pero el enemigo del pueblo de Dios levantó a un pueblo inmisericorde de vándalos llamados los Amalecitas; los asaltaron en pleno desierto, aprovechando que los hebreos eran un pueblo indefenso con mujeres y niños; sin embargo, Moisés nombró como comandante militar a Josué hijo de Núm. para que organizara un ejército y se armaran con lo poco que tenían.

Frente a los vándalos experimentados de Amalec, los Israelitas tenían la batalla perdida; sin embargo, allí estaba el Dios eterno con su bandera de Victoria levantada. Moisés levantando su vara como símbolo de la victoria de Dios; estuvo allí, respaldado por su equipo de líderes Aaron y Hur; los cuales, le ayudaban a sostener sus brazos arriba; mientras Josué enfrentaba a los invasores amalecitas.

"Y Josué deshizo a Amaléc y a su pueblo a filo de espada. Y Jehová dijo a Moisés: Escribe esto para memoria en un libro, y di a Josué que raeré del todo la memoria

de Amaléc de debajo del cielo. Y Moisés edificó un altar, y llamó su nombre Jehová Nissi. Esto es, Jehová es mi estandarte". (Éxodo 17:13-15)

Josué tuvo que conquistar la tierra de Canaán, enfrentar ciudades fortificadas, pueblos vándalos y violentos; pero, Jehová siempre fue la bandera de la victoria de Josué.

Muchos reyes de Israel que eran fieles a Dios tuvieron que enfrentar guerras contra enemigos feroces, como los filisteos, y otros muchos más; sin embargo, Jehová Nissi peleó por ellos dándoles siempre grandes victorias. Yahveh-Nissi se da a conocer como el Dios que defiende a los desvalidos y desamparados. Frente a cada batalla Jehová es nuestra bandera de victoria.

ANÁLISIS:

Jehová Nissi es nuestro respaldo diario, en cada batalla y circunstancia de la vida que tengamos que enfrentar. Él pelea por nosotros. Haga un breve relato sobre un héroe de la fe que Jehová Nissi le dio la victoria.

MEMORIZACIÓN:

"Y Moisés edificó un altar, y llamó su nombre Jehová-Nissi. Esto es Jehová es mi estandarte". (Éxodo 17:15)

5. EL DISEÑO DE YAHVEH-SHALOM.

Jehová es paz. Otra manifestación de Yahveh, nos trae la revelación que Dios es el proveedor de paz constante y eterna, para la humanidad.

Un Israelita llamado Gedeón es llamado por Dios con el propósito de liberar al pueblo de Israel, de la opresión de los Madianitas; un pueblo vecino amenazante y opresor. El ángel de Jehová se le presenta y esto le produce temor:

"Pero Jehová le dijo: Paz a ti; no tengas temor, no morirás. Y edificó allí Gedeón altar a Jehová, y lo llamó Jehová Shalom; el cual permanece hasta hoy en Ofra de los abiezeritas" (Jueces 6:23-24).

En la experiencia de Gedeón se revela el Dios Eterno de Paz, el Dios que da seguridad y respaldo en sus planes y propósitos, a cada ser humano. Tanto hombres como mujeres a través de la historia han disfrutado de Jehová Shalom. Gedeón hizo un altar a Jehová Shalom, era un testimonio de la revelación del Dios Eterno de la Paz Eterna. Cuando el Mesías, el Salvador del mundo, el Hijo de Dios estuvo en la última cena con sus discípulos les consoló con las siguientes palabras:

"La paz os dejo, mi paz os doy; yo no os la doy como el mundo la da. No se turbe vuestro corazón, ni tenga miedo" (Juan 14:27).

El Hijo del Dios Eterno de paz estaba allí presente, ofreciendo su paz, su paz redentora, la verdadera paz que llena a todo hombre, con la seguridad de que ninguna condenación hay para los que están en él.

En el mismo dialogo de aquella triste noche el Hijo de Yahveh-Shalom, estaba llenando de paz el corazón de sus discípulos preparándolos para enfrentar sus soledades, y la nueva etapa de evangelización y Unción. Ahora deberían conocer el nuevo agente de paz para sus vidas;

El Espiritu Santo, el Consolador (Griego Paracleto) el abogado que conoce sus necesidades y estará a su lado para respaldarles en todo. El Espíritu Santo con su fruto de amor gozo y paz les fortalecería. Toda la acción del Dios trino esta respaldad por su paz.

> El Dios de Paz estará con vosotros.

Yahveh, es el Dios de paz, así lo afirma el apóstol San Pablo:

"Y el Dios de paz, que sobrepasa todo entendimiento, guardará vuestros corazones y vuestros pensamientos en Cristo... Lo que aprendisteis y recibisteis y oísteis y visteis en mí, esto haced; y el Dios de Paz estará con vosotros" (Filipenses 4:7,9).

ANÁLISIS:

Jehová Shalom. Todo ser humano necesita paz en su interior para vivir. Plantee formas en que el Dios de paz nos puede fortalecer con su paz, en cada momento de la vida.

MEMORIZACIÓN:

"Y edificó allí Gedeón altar a Jehová, y lo llamó Jehová-Shalom. Esto es Jehová es paz". (Jueces 6:24)

6. EL DISEÑO DE YAHVEH-RAAH.

En esta descripción podemos ver el diseño del Pastor. El Eterno Pastor personal. El Dios eterno es mi pastor. Raah es nuestro pastor de ayer, de hoy, y de siempre. El eterno pastor del Rey David.

> Jehová es mi pastor y nada me faltará.

"Jehová es mi pastor y nada me faltará" (Salmos 23:1).

El pastor de los cristianos, Jesucristo.

"Yo soy el buen pastor, el buen pastor su vida da por sus ovejas". (Juan 10:11)

El pastor de la eternidad.

"Como pastor apacentará su rebaño; en su brazo llevará los corderos, y en su seno los llevará; pastoreará suavemente a las recién paridas". (Isaías 40:11)

Isaías como profeta del Espíritu Santo, conociendo el poder del pastor eterno, profetizó:

"Jehová te pastoreará siempre, y en las sequias saciará tu alma, y dará vigor a tus huesos; y serás como huerto de riego y como manantial de aguas cuyas aguas nunca faltan" (Isaías 58:11).

ANÁLISIS:

Esta revelación muestra al Dios de la bondad y la provisión, como el Buen Pastor. Ilustre algún caso en la Biblia en el cual, Dios fue un buen pastor.

MEMORIZACIÓN:

"Jehová es mi pastor; nada me faltará". (Salmos 23:1)

7. EL DISEÑO DE YAHVEH-SABAOT.

El eterno Dios de los ejércitos celestiales. *"Jehová de los Ejércitos"*. (1 Samuel 1:3) El comandante en jefe de los ejércitos angelicales y de los ejércitos de Israel. Se presenta en este diseño, como el Dios eterno que pelea y defiende a su pueblo con sus ejércitos.

> Estas revelaciones y manifestaciones del eterno Dios de los ejércitos celestiales, ha enriquecido la fe.

Dios acompañó y defendió a Abraham en batallas, a Israel en el desierto contra los ejércitos de Amaléc, a Josué en la conquista de Canaán, al rey David en sus batallas contra enemigos crueles y gigantes filisteos, a los reyes que creyeron en su respaldo. Ellos vieron la gloria de Dios y la victoria de Jehová de los ejércitos.

Estas revelaciones y manifestaciones del eterno Dios de los ejércitos celestiales, ha enriquecido la fe de profetas, líderes, caudillos, mártires y a los cristianos a través de la historia.

ANÁLISIS:

Jehová Sabaot está rodeado de sus ejércitos celestiales, y rodea a sus hijos que creen en Él, los guarda y los protege. Describa como eran los ejércitos celestiales que Dios envió, para proteger a Eliseo y a su servidor. Consulte 2 Reyes 6:14-23.

MEMORIZACIÓN:

"Jehová de los ejércitos está con nosotros, nuestro refugio es el Dios de Jacob". (Salmos 46:7)

8. EL DISEÑO DE YAHVEH-MACCADDESHCEM.

El Dios eterno de la santificación. (Éxodo 31:13) *"Yo soy Jehová que os Santifico"*. El Dios eterno y santificador, ha trabajado desde el mismo paraíso; cuando vio al hombre, sin solución santificadora, cuando vio al hombre en vergüenza, se manifestó cubriendo la desnudez del hombre caído y sin solución, (Génesis 3:21)

Desde la caída del hombre se presenta el diseño del Dios santificador; extendió leyes, por medio de las cuales se proveía santificación, a través de sacrificio de animales, los cuales eran figura del sacrificio santificador y perfecto de nuestro Señor Jesucristo. El escritor a los hebreos afirma:

"Porque con una sola ofrenda hizo perfectos para siempre a los santificados" (Hebreos 10:14).

El Eterno santificador envió a su hijo al mundo para reconciliar consigo mismo al mundo. Por medio de la sangre de Jesucristo se llevó a cabo la verdadera santificación. El Eterno Dios de la santificación por medio de la sangre de su hijo realiza la santificación instantánea. Toda persona que viene a Jesús y se cubre con el sacrificio santificador de su sangre, es santificada instantáneamente en el aspecto espiritual.

> Porque con una sola ofrenda hizo perfectos para siempre a los santificados.

El eterno Dios de la Santificación, conociendo la conducta humana; la cual requiere de una santificación progresiva, nos provee las Sagradas Escrituras, como la palabra viva y santificadora; la cual, penetra hasta partir el alma, y los tuétanos, y las intenciones del corazón. Produciendo una renovación en la mente, en el alma, y en el espíritu del hombre, por el efecto creador de la palabra del Dios viviente.

La santificación de Dios es un acto regenerativo por el Espíritu Santo. El Dios santificador provee un nuevo nacimiento, una regeneración, un lavamiento, una naturaleza nueva, un nuevo hombre, y una genética nueva;

todo esto es operado por el Espíritu Santificador de Dios. (Tito 3:4-6; Efesios 4:24; 1 Juan 3:9; Juan 3:3)

La bendición apostólica nos exhorta y llena de esperanza.

"Absteneos de toda especie de mal. Y el mismo Dios de Paz os santifique por completo; y todo vuestro ser espíritu, alma y cuerpo, sea guardado irreprensible para la venida de nuestro Señor Jesucristo. Fiel es el que os llama el cual lo hará". (1 Tesalonicenses 5:22-24)

ANÁLISIS:

Una de las revelaciones de Dios, es su presentación como un Dios Santo, con ética y conducta inigualable. Explique las formas que El Dios Santo ha diseñado para restaurar y santificar a los seres humanos.

MEMORIZACIÓN:

"Bienaventurados los de limpio corazón, porque ellos verán a Dios". (Mateo 5:8)

9. EL DISEÑO DE YAHVEH-TSIDKENU.

El Eterno Dios es nuestra justicia. Jehová Justicia nuestra. El Dios de la justicia nos presenta en este diseño, la manifestación, de una de las facetas de su carácter Santo, y a la vez uno de sus atributos de su esencia, como es la justicia.

El rey David fue un hombre de muchas batallas, calumnias, persecuciones del rey Saúl, y también de su hijo Absalón. Insultos de filisteos, de su propia esposa; Sin embargo, David era conforme al corazón de Dios aun cuando uno de sus enemigos lo maldecía. Vivía en la justicia de su Dios. En uno de sus salmos afirma:

"Jehová es el que hace justicia y derecho a todos los que padecen violencia". (Salmo 103:6)

> El Eterno Dios de justicia, está siempre presente para aplicar justicia.

Muchas son las maldades que día a día, lo seres humanos cometen sobre la tierra, gobiernos tiranos y criminales, amos humillantes y hasta ladrones con sus trabajadores, hombres abusadores y violentos con sus mujeres, grupos alzados en armas que han maltratado y torturado a inocentes; sin embargo, la gente cree que todo quedará impune; pero, no es así, El Eterno Dios de justicia, está siempre presente para aplicar justicia.

El carácter de justicia, del Dios de justicia, nos da la seguridad siguiente: El Dios de nuestra justicia no culpará inocentes, pero tampoco absolverá, ni perdonará culpables.

ANÁLISIS:

La Justicia de Dios es lo más peligroso que el hombre puede enfrentar. Pues, el hombre por sí mismo no se puede justificar. Explique de acuerdo a Romanos 3:21-26. La forma como Dios Justifica al ser humano.

MEMORIZACIÓN:

"Justificados, pues por la fe, tenemos paz para con Dios por medio de nuestro Señor Jesucristo". (Romanos 5:1)

10. EL DISEÑO DE YAHVEH-SHAMMA.

El Eterno presente. "Jehová está allí". (Ezequiel 48:35) Esta revelación nos muestra el diseño de su omnipresencia. El Dios eterno nos muestra su presencia constante y su atributo de omnipresencia. Es el Dios que siempre se presenta derrotando nuestros miedos, con el poder de su presencia. (Isaías 41:10)

En el Antiguo Testamento se Profetiza como el Dios Emanuel (Isaías 7:14), en el Nuevo Testamento hace su aparición por medio de Jesús el Salvador. Él es Emanuel *"Dios con Nosotros"* (Mateo 1:23), el Eterno Dios siempre presente. El Hijo de Dios nuestro Señor en la última cena les anunció a sus discípulos la importancia de su partida, de su ausencia, para dar la oportunidad de la manifestación del Consolador (del griego paracleto, el que está al lado de…), el Espíritu Santo; el cual, estaría con nosotros para siempre. (Juan 14:16) El hijo de Dios dentro de la revelación que nos deja, nos muestra como *"Dios está allí"*, siempre constante con su bella y fortalecedora compañía.

Pentecostés es real para los hijos verdaderos de Dios. *"El eterno Dios está allí"*. La obra de Dios y la acción evangelizadora se fortalece cuando aparece Yahveh-Shamma.

"Yo estoy con vosotros todos los días hasta el fin del mundo" (Mateo 28:20).

La primera etapa de la evangelización mundial se fortaleció porque el Dios eterno estaba allí.

"Y ellos, saliendo, predicaron en todas partes, ayudándoles el Señor y confirmando la palabra con las señales que le seguían. Amén (Marcos 16:29).

Ahora es el tiempo de la acción evangelizadora. Es nuestro tiempo. Solo lo lograremos eficazmente, los que disfrutemos de la presencia de Dios.

ANÁLISIS:

Uno de los atributos de Dios es su omnipresencia. Dé un ejemplo Bíblico de una acción Omnipresente de Dios.

MEMORIZACIÓN:

"Yo estoy con vosotros, todos los días hasta el fin del mundo. Amén". (Mateo 28:20)

11. EL DISEÑO DE EL-SHADDAI.

Este nombre se deriva del hebreo "Shadad", y tiene como significado la máxima expresión de poder. Describe un nuevo diseño de Dios, como el Todopoderoso, el que posee la potencia en el cielo y en la tierra. Otro significado ha surgido de la raíz "Shad", la cual denota el máximo Señor.

"Yo soy el Dios Todopoderoso; anda delante de mí y sé perfecto".

Dios se le apareció a Abraham, y se le dio a conocer con este nombre, "EL SHADDAI". El Todopoderoso.

"Yo soy el Dios Todopoderoso; anda delante de mí y sé perfecto". (Génesis 17:1)

El SHADDAI le exige perfección, él tiene la autoridad para hacerlo, su objeto es liberarnos de los problemas que acarrea el andar desordenadamente, e impulsarnos por el camino del éxito, superando todo obstáculo. En este nombre vemos al Shaddai sujetándolo todo bajo sus pies, y coordinándolo todo dentro del programa de Gracia.

En el Shaddai se describe la grandeza de su poder; sin embargo, no se presenta como el que debe verse con temor y terror, sino como la fuente de toda bendición, fortaleza y consuelo.

ANÁLISIS:

Lea el libro del Profeta Jonás. Y describa los ejemplos y las manifestaciones de "EL SHADDAI".

____

____

____

MEMORIZACIÓN:

"Yo soy el Dios Todopoderoso; anda delante de mí y sé perfecto". (Génesis 17:1)

12. EL DISEÑO DE ADONAI.

El caso de ADONAI es semejante a ELOHIM es un plural mayestático. El singular de ADONAI nos revela el diseño de Dios en la manifestación de su soberanía y Señor del universo. En relación con los seres humanos comunica la idea de soberanía y autoridad absoluta. (Génesis 19:2; 40:1; 1 Samuel 1:15; Éxodo 21:1-6). En el libro de Isaías se puede ver como el profeta se somete al Señor como su amo. (Isaías 6:8-11).

ANÁLISIS:

¿Cómo nos debemos presentar frente a "ADONAI"?

MEMORIZACIÓN:

Después oí la voz del Señor (Adonai), que decía: ¿A quién enviaré, y quien irá por nosotros? Entonces respondí yo: Heme aquí Señor, envíame a mí". (Isaías 6:8)

13. EL DISEÑO DE KYRIOS.

En el Nuevo Testamento ADONAI es el equivalente al Señor "KYRIOS" en griego. "KYRIOS" enfatiza autoridad y supremacía. El Dios "KYRIOS" expresa particularmente el Señor y Creador del universo, su poder revelador en la historia, y el poder de su dominio con justicia sobre el universo.

Cristo en su manifestación sobre la tierra es reconocido como el "KYRIOS".

Cristo en su manifestación sobre la tierra es reconocido como el "KYRIOS". Para Tomás al verle resucitado y en su dimensión espiritual y sobrenatural, expresa: *"¡Señor mío, y Dios mío!"* (Juan 20:28) Reconociéndole como el "KYRIOS". La mayoría de pecadores y enfermos que clamaron a Jesús lo reconocieron, como el "KYRIOS". La mujer acusada de adulterio le dice: *"Ninguno Señor (KYRIOS)"* (Juan 1:11).

ANÁLISIS:

Presente una definición clara de KYRIOS, y lo que El significa para usted.

MEMORIZACIÓN:

"Entonces Tomás respondió y le dijo: ¡Señor mío, y Dios mío!" (Juan 20:28)

14. EL DISEÑO DE THEOS.

"THEOS" hace referencia al diseño del Dios verdadero. En el Nuevo Testamento es el equivalente a ELOHIM en el Antiguo Testamento, de acuerdo a la traducción de la septuaginta. El único Dios verdadero. Verdad revelada a los judíos antiguos, revelado en Cristo y sus enseñanzas, y afirmado por la primera iglesia. (Gálatas 3:20; 1 Timoteo 2:5) Él es el único Dios verdadero (Juan 17:3), Él es el único Dios (1 Timoteo 1:17), Él es el único sabio Dios (Romanos 16:27) Él es el único Santo (Apocalipsis 15:4).

El único Dios verdadero transciende a través del tiempo. Él es el diseñador de todas las cosas. Él es el Creador de todas las cosas. El sustenta todas las cosas. Él es el Dios del universo. (Hechos 17:24; Apocalipsis 10:6)

El "THEOS" es el Salvador del mundo. (1 Timoteo 2:3; 4:10; Tito 2:13; 3:4) Él nos amó y nos dio a su hijo como Redentor (Juan 3:16) Lo ofreció como ofrenda de olor fragante por nuestra salvación. (Efesios 5:2).

> "THEOS" hace referencia al diseño del Dios verdadero.

ANÁLISIS:

Defina cómo es el Dios verdadero.

MEMORIZACIÓN:

"Pero cuando se manifestó la bondad de Dios nuestro Salvador, y su amor para con los hombres, nos salvó..." (Tito 3:4,5)

D. ATRIBUTOS, PROPIEDADES, Y PERFECCIONES.

Al tratar primero las revelaciones y manifestaciones de Dios, se tiene el propósito de poder comprender mejor el diseño de Dios; Y cómo Dios a través del tiempo se nos ha manifestado, para darse a conocer, aun frente a nuestra percepción limitada.

Realmente no podemos definir a Dios por ser de diferentes dimensiones. Solo podemos definir su diseño en lo revelado de forma parcial, por nuestra limitación para definir lo eterno. Podemos describir estos acontecimientos, pero no podemos entrar en el terreno de lo exhaustivo.

De acuerdo a lo revelado podemos describir a Dios en sus manifestaciones perfectas, dentro de lo que se puede describir con palabras, de acuerdo al alcance de nuestro vocabulario y percepción; y así, crear el panorama de su diseño.

> Solo podemos definir su diseño en lo revelado de forma parcial, por nuestra limitación para definir lo eterno.

De acuerdo a las manifestaciones, análisis y percepciones podemos describir el diseño de Dios por sus atributos o perfecciones. Dios es Espíritu, infinito, poderoso, santo, justo, bondadoso, verdadero y eterno. Con existencia inmutable.

Utilizaremos tres términos que nos permiten identificar con más claridad la esencia y naturaleza del Dios viviente. Atributos, propiedades y perfecciones.

La palabra atributo ha sido cuestionada por la sencilla razón, que es como si se diera a entender el significado de añadir algo, o asignar algo a quien no lo tiene. Sin embargo, los teólogos afirman que se hace referencia a la definición que hacemos nosotros, de las cualidades que posee la esencia de Dios, y no algo que se le está asignando.

La palabra propiedades, se utiliza para señalar algo que es propio. Y se puede aplicar a la esencia propia de Dios en sus diferentes manifestaciones.

La palabra perfecciones últimamente se ha utilizado para ilustrar y definir aquellos atributos o propiedades que emanan de la esencia misma de la Divinidad.

Cada atributo, propiedad y perfección de Dios, no son reacciones que vienen a Dios y llenan una necesidad. Las perfecciones de Dios son parte de su naturaleza y esencia total. Dios no tiene amor, Dios es amor. Dios no tiene fidelidad, Dios es fiel. Dios no tiene bondad, Dios es bondad. Dios no tiene santidad, Dios es santo. Dios no tiene poder, Dios es Todopoderoso. Ninguna perfección de Dios es independiente o preeminente sobre alguna de las otras. Dios al manifestar su amor, no anula ni abandona su fidelidad, o su justicia.

Debemos comprender que Dios es mucho más que la suma de sus atributos. La suma de todas las perfecciones reveladas realmente no nos describe la totalidad de la esencia y grandeza de Dios y su poder. Si lográramos enumerar cada una de sus propiedades y lográramos conseguir su totalidad, aun tendríamos limitaciones para comprenderlas en plenitud, decodificarlas y explicarlas. La sencilla razón es que el hombre finito, no puede alcanzar a comprender ni a describir al Dios infinito.

> Cada atributo de Dios es parte de la descripción del diseño mental que tenemos del Padre Dios.

Cada atributo de Dios es parte de la descripción del diseño mental que tenemos del Padre Dios, del Hijo de Dios, y del Espíritu Santo de Dios. Cada perfección unifica al Dios trino y fundamenta la esencia, propósito, y acción de la Trinidad en favor de la humanidad.

ANÁLISIS:

¿Cómo podemos describir el diseño Dios?

MEMORIZACIÓN:

"Al único y sabio Dios, nuestro salvador, sea gloria y majestad, imperio y potencia, ahora y por todos los siglos. Amén". (Judas 25)

Veamos más ampliamente el diseño de Dios en las perfecciones o atributos revelados en las Sagradas Escrituras, en orden alfabético.

1. EL DISEÑO DEL AMOR DE DIOS.

Con frecuencia me gusta preguntar en mis clases avanzadas en seminarios y universidades, a alumnos que considero avanzados la definición del amor. ¿Qué es el amor? Siempre escucho muchos tipos de respuestas, como: es una emoción, un sentimiento, hasta mariposas, algunos lo relacionan con una relación sexual, otros con la horca.

Esto me hace pensar, que de esta manera, es muy difícil comprender el significado del verdadero amor.

Cuando escuché que Da Vinci blasfemaba hablando acerca del amor de Jesús por sus amigos y amigas. Me di a la tarea de investigar acerca del amor de Jesús, planteado en Juan 11:3,5. Abrí mi Nuevo Testamento en griego e hice la exegesis y la investigación necesaria. Estos versículos de las Sagradas Escrituras me dieron una revelación maravillosa acerca del amor.

"Enviaron, pues, las hermanas para decir a Jesús: Señor, he aquí el que amas está enfermo" (Juan 11:3).

En este versículo el amor del cual se habla es del griego filius. "El que amas". El filius es el amor de los buenos amigos. Tengamos en cuenta que esta es la percepción de Marta y María.

"Y amaba Jesús a Marta, a su hermana y a Lázaro"
(Juan 11:5).

Ahora veamos la exegesis de este versículo. En este versículo se utiliza el verbo amaba del griego ágape. El amor perfecto de Dios, expresado en cada acción bondadosa de Dios hacia sus imperfectas creaturas. Dios es ágape. Esta es la percepción y la revelación que el Espíritu Santo le ha dado al escritor sagrado. En este caso el apóstol Juan.

La experiencia del amor de Marta y María, era Filius. La experiencia y revelación en el Espiritu Santo de Juan, era Ágape.

De acuerdo a esta conclusión, podríamos decir que la humanidad tiene una percepción del amor basada en su experiencia. La experiencia del amor de Marta y María, era Filius. La experiencia y revelación en el Espiritu Santo de Juan, era Ágape.

El apóstol Pablo ora a Dios por los santos hermanos de Éfeso, para que Dios les revele su amor.

"…seáis arraigados y cimentados en amor, seáis plenamente capaces de comprender con todos los santos cual sea la anchura, la longitud, la profundidad y la altura, y de conocer el amor de Cristo, que excede a todo conocimiento, para que seáis llenos de toda la plenitud de Dios" (Efesios 3:17-19).

Tengamos en cuenta la afirmación apostólica:

"Conocer el amor de Cristo que excede a todo conocimiento".

El verdadero amor de Dios es una revelación, transmitida a través del Espíritu Santo y su fruto ágape, a través de la experimentación diaria con el amor de Dios, en sus manifestaciones y detalles de bondad. Dios manifestará su ágape por medio de otras personas, los verdaderos padres cristianos trasmitirán el ágape de Dios a sus hijos.

Una de las grandes metas de la iglesia apostólica fue conservar el ágape como Jesús les había ordenado. Para ellos era un ambiente, un vivir, una manifestación, un compartir, un testimonio, del conocimiento verdadero de Dios.

"Amados, amémonos unos a otros; porque el amor es de Dios. Todo aquel que ama, es nacido de Dios y conoce a Dios" (1 Juan 4:7).

En este versículo aparece la manifestación del ágape en diferentes estados, como adjetivo, sustantivo y como verbo.

Quise ilustrar de manera práctica el significado del amor para que sea más comprensible. Dios no es filius, Dios no es estorgeo (amor de los padres hacia los hijos y de los hijos hacia sus padres), Dios es Ágape. Dios es Amor perfecto. Dios es generosidad.

Cada persona revelada de la Trinidad posee todas las perfecciones de Dios. De su esencia ágape, surge la bondad, la misericordia, la generosidad, la longanimidad, la gracia y sus manifestaciones.

Pablo es un apóstol, que puede comprender las limitaciones humanas. Su oración a Dios es que venga la revelación *"del ágape de Dios que excede a todo conocimiento"*.

Puedo explicar todo lo que mi vocabulario y mi sabiduría y mi investigación alcanza; sin embargo, no logro cubrir todo lo que contiene la inmensidad de la esencia del amor de Dios. Lo que sí puedo afirmar: Dios nos ama más allá de lo que nosotros comprendemos. Ágape es toda acción bondadosa de Dios.

Tengamos en cuenta la afirmación del Dr. Berkhof: "Dios es incomprensible, pero conocible". Jesús nos muestra que como requisito para ser salvo es necesario conocer a Dios.

"Y esta es la vida eterna: que te conozcan a ti, el único Dios verdadero y a Jesucristo a quien has enviado".
(Juan 17:3)

Conocer el ágape de Dios, abre las puertas de la fe; pues, *"la fe obra por el ágape"* (Gálatas 5:6).

"El ágape derrota el miedo y las distancias con el Dios Santo; pues, *"en el ágape no hay temor"* (1 Juan 4:18).

ANÁLISIS:

Explique en qué consiste el Ágape, y cómo bendice su vida.

MEMORIZACIÓN:

"Porque de tal manera amó Dios al mundo, que ha dado a su hijo Unigénito, para que todo aquel que en él cree, no se pierda, mas tenga vida eterna". (Juan 3:16)

2. EL DISEÑO DE LA BONDAD DE DIOS.

Podemos afirmar que Dios no solo tiene bondad, él es Bondadoso. De su naturaleza esencial emana todo lo bueno. Esta propiedad de Dios es una perfección de su ser, y es en sí, la fuente de todo lo bueno y de su ágape. Cuando Dios evalúa la creación, llega a la conclusión que era en gran manera buena. Tenía todas las características de bondad dibujadas en cada diseño armónico, con el propósito de dar vida.

De la bondad se desprenden varias expresiones, como son:

La benevolencia. Es la manifestación de la bondad en sentido general, incluyendo toda su creación y sus criaturas, con la garantía de la vida y permanencia de cada una de ellas.

> Podemos afirmar que Dios no solo tiene bondad, él es Bondadoso.

La misericordia. Es la extensión de la aceptación inmerecida de la humanidad, operada por medio de la bondad práctica, socorriendo a la humanidad en sus múltiples necesidades.

La complacencia. Es cuando Dios aprueba sus perfecciones, en el marco de todo lo que está en conformidad con él. Dios ve el esfuerzo, la obediencia, la pureza y se complace de nuestra victoria.

La gracia. Es el regalo o al acto de darnos a su hijo en sacrificio redentor por medio de su sangre, sin merecerlo, sin méritos, y sin intercambios. Dios nos rescata.

"Sabiendo que fuisteis rescatados, no con oro, ni con plata; sino con la sangre preciosa de Cristo, como de un cordero sin mancha y sin contaminación"
(1 Pedro 1:18-19).

El apóstol San Pablo, reconoce y enumera con profundo agradecimiento el acto de la bondad de Dios.

"Pero cuando se manifestó la bondad de Dios nuestro Salvador, y su amor para con los hombres, nos salvó, no por obras de justicia que nosotros hubiéramos hecho, sino por su misericordia, por el lavamiento de la regeneración, y por la renovación en el Espíritu Santo, el cual derramó en nosotros abundantemente por Jesucristo nuestro Salvador, para que justificados por su gracia viniésemos a ser herederos conforme a la esperanza de la vida eterna". (Tito 3:4-7)

El diseño y el propósito de la creación reflejan diariamente la bondad de Dios. Su carta de amor, las Sagradas Escrituras enviadas desde el cielo, es una acción de bondad que nos abre los ojos y nos permite comprender sus maravillas. La manifestación del hijo de Dios en la tierra, su visita, sus enseñanzas y ejemplo, es el regalo más grande de la bondad de Dios. Dios es bueno, Dios es bondad.

ANÁLISIS:

Defina las expresiones de bondad.

Explique porque la Biblia es una expresión de bondad.

MEMORIZACIÓN:

"Porque la paga del pecado es muerte, más la dádiva de Dios es vida eterna en Cristo Jesús Señor nuestro".
(Romanos 6:23)

3. EL DISEÑO DE LA ETERNIDAD DE DIOS.

Dios existe sin límite de tiempo. Cuando las Escrituras plantean el principio, se está estableciendo una dimensión llamada tiempo. Dios no pasa por el tiempo. El pertenece a la eternidad y es hasta la eternidad. Es un tipo de dimensión totalmente diferente a la dimensión temporal.

Berkhof define la propiedad de eternidad como: "La perfección de Dios por la cual Él se eleva por encima de todos los límites temporales y toda la sucesión de los momentos, y posee el todo de Su existencia en un presente indivisible".

La eternidad de Dios se revela en el Olam. El Dios Eterno. El cual expresa el Dios de la eternidad (Génesis 21:33). Dios es autosuficiente sin límite de tiempo. La eternidad de Dios se revela en el salmo 90:2, *"de eternidad a eternidad"*, *"del siglo hasta el siglo"*. La historia de la humanidad es un pequeño paréntesis. Dios es antes de nuestro tiempo y será después de nuestro tiempo.

Diferentes expresiones que tratan de ilustrar la eternidad, se repiten en las Sagradas Escrituras.

"Jesucristo es el mismo ayer, y hoy, y por los siglos de los siglos" (Hebreos 13:8).

"Santo, santo, santo es el Señor Dios Todopoderoso, el que era, el que es, y el que hade venir" (Apocalipsis 4:8).

"Al que vive por los siglos de los siglos" (Apocalipsis 4:9,10; 5:14).

Todo está garantizado. El Dios Eterno, nunca dejará de existir; por lo tanto, todos los eventos presentes y futuros, están controlados, sustentados y asegurados en su infinito y eterno poder.

La eternidad se presenta en dos estados. La eternidad en el pasado y la eternidad en el futuro. Nuestro mundo no pertenece a la eternidad pasada, pues tiene un origen y un principio. La eternidad futura cubre a hombres y ángeles, ellos nunca dejarán de existir.

Cuando Dios creó al hombre le dio condiciones de la eternidad futura. Cuando Cristo vino al mundo, vino a darnos vida presente, futura y eterna.

La Deidad demuestra eternidad. Cuando se establece el principio del tiempo y la creación de las cosas temporales. Ya estaba la Trinidad Eterna. En el principio está el Elohim, el Dios Creador el viene de la eternidad. Está el Espíritu de Dios (Elohim) el viene de la eternidad (Génesis 1:1,2). El Espíritu Santo es descrito como el Espíritu Eterno (Hebreos 9:14).

Haciendo referencia al Hijo de Dios, el apóstol Juan en revelación del Espíritu Santo afirma:

"En el principio era el Verbo, y el Verbo era con Dios, y el Verbo era Dios" (Juan 1:1).

Dentro de nuestra percepción terrenal, temporal, podemos afirmar: El hijo venía de la eternidad y regresó a la eternidad. La Trinidad de Dios tiene las dos dimensiones de eternidad. Viene del pasado eterno y pertenece al futuro eterno. Pero la realidad es que El Dios verdadero nunca ha salido ni entrado en la eternidad. Él es eterno.

"De tal manera amó Dios al mundo, que ha dado a su Hijo Unigénito, para que todo aquel que en El cree, no se pierda, mas tenga vida eterna" (Juan 3:16).

Cuando comenzamos a creer en Jesucristo, El Dios Eterno nos incluye en su eternidad.

ANÁLISIS:

Defina la revelación de la eternidad.

¿Qué debemos hacer para ser parte de la eternidad?

MEMORIZACIÓN:

"Jesucristo es el mismo ayer, y hoy, y por los siglos".
(Hebreos 13:8)

4. EL DISEÑO DE LA INFINIDAD DE DIOS.

La infinidad de Dios expresa la idea de que Dios trasciende todas las barreras impuestas por el tempo y el espacio. Dios es infinito. No puede ser limitado por un marco final. El Dios infinito llena el espacio y el universo, es Dios de todos los tiempos, no tiene límites ni barreras que le puedan contener. El conoce todas las cosas en su origen y alcance.

El Dios infinito puede hacer que las cosas sucedan solo con la expresión de sus palabras. Cuando el Dios infinito habla las cosas suceden. No existe ningún límite que pueda limitar al Dios infinito.

> El Dios infinito puede hacer que las cosas sucedan solo con la expresión de sus palabras.

En toda cualidad moral él está completo hasta la infinidad. Él es plenamente Santo e inigualable, su carácter moral es la base de toda moral; ningún mortal puede alcanzar el carácter moral de infinidad del Dios Infinito.

La Infinidad de Dios se relaciona con su propiedad Eterna. El existe eternamente sin ninguna causa fuera de sí mismo, solamente él es la causa suficiente de lo que él es.

ANÁLISIS:

Defina la palabra infinito, y coloque un ejemplo.

MEMORIZACIÓN:

"Él es la imagen del Dios invisible... Y él es antes de todas las cosas, y todas las cosas en él subsisten". Colosenses 1:15,17

5. EL DISEÑO DE LA INMUTABILIDAD DE DIOS.

La virtud de verdad y precisión hace que Dios llene las condiciones de inmutabilidad. Dios es inmutable. Cumple con el estado de no experimentar cambios, por estado de aumento o disminución, desarrollo o evolución propia, es inalterable, es invariable, es permanente.

"Toda buena dadiva, y todo don perfecto desciende de lo alto, del Padre de las luces, en el cual no hay mudanza, sombra de variación" (Santiago1:17).

Las Sagradas Escrituras afirman con seguridad que Dios es inmutable. Todo lo que no está sujeto al tiempo, ni a condición temporal se considera inmutable. Dios no cambia, ni sus designios, ni sus leyes, ni sus verdades. Dios no es más de lo que es, ni menos.

"Porque yo Jehová no cambio" (Malaquías 3:6).

Los hombres cambiamos nuestras costumbres y hasta principios. Pero Dios nunca cambia. Las leyes universales de Dios permanecen inmutables. Los juicios de Dios son perfectos. Dios no cambia.

"Dios no es hombre para que mienta, ni hijo de hombre para que se arrepienta" (Números 23:19).

Han surgido algunos cuestionamientos sobre la conducta de Dios, frente a la ciudad de Nínive. ¿Se arrepintió Dios de castigar la maldad de Nínive? (Jonás 3:10) (esta es un manera antropomorfa de explicar el cambio de la decisión) En ninguna manera.

> Los hombres cambiamos nuestras costumbres y hasta principios. Pero Dios nunca cambia

Debemos comprender que los juicios de Dios son Justos; pero, la verdad más importante que nos ayuda a aclarar este caso es que los juicios de Dios son condicionales. Si el hombre se arrepiente recibe perdón y oportunidad. Si el hombre no se arrepiente recibe el juicio de Dios. No es Dios el que se arrepiente, es el hombre el que se arrepiente, el que determina su perdón o su juicio.

El hombre determina su salvación o su condenación. Dios mantiene constante, sus leyes, normas y oportunidades para los que se arrepienten. El sistema de Dios es perfecto e inmutable.

La inmutabilidad de Dios nos asegura que ninguna de las perfecciones de Dios cambia. La inmutabilidad de Dios nos da la seguridad que las promesas de Dios nunca fallarán. La inmutabilidad de Dios nos da la seguridad que el perdón en la sangre de su hijo es eterno.

ANÁLISIS:

Explique la inmutabilidad de Dios.

¿Qué determina el juicio o el perdón de Dios para el Hombre?

¿Qué seguridad nos da la inmutabilidad de Dios?

MEMORIZACIÓN:

"Toda buena dádiva y todo don perfecto desciende de lo alto, del Padre de las luces, en el cual no hay mudanza, ni sombra de variación". (Santiago 1:17)

6. EL DISEÑO DE LA JUSTICIA DE DIOS.

La justicia tiene que ver con la ley y su aplicación, la moralidad, y la rectitud. La justicia es una expresión legal, y hace referencia al carácter en esencia del Gobierno de Dios en armonía y excelencia. Por medio de leyes justas, Dios exhibe la esencia de su carácter justo. La justicia de Dios es tan excelente que el hombre carece de interpretación para aplicarla objetivamente. La Justicia de Dios creó leyes justas y completas en la naturaleza, las cuales mantienen la vida en el universo, sus leyes justas permiten la permanencia de la vida en el planeta.

> Por medio de leyes justas, Dios exhibe la esencia de su carácter justo.

Parte de su justicia es mantener la vida y el propósito eterno de dar vida. Dios diseño todo con parámetros de justicia reflejando su atributo de justicia. Cualquier antidiseño carente de justicia atenta contra la vida y la permanencia del hombre sobre la tierra. La justicia de Dios no permitirá ninguna acción contra naturaleza que atente contra la vida. La vida es protegida y sostenida por la justicia de Dios.

El sacrificio de Cristo es una expresión de la justicia de Dios. Dios no pasó por alto el pecado del hombre, la justicia de Dios no pasará por alto ningún pecado del hombre.

Cristo pagó por el pecado de la humanidad. Todo pecado será castigado con justicia. La única manera, para ser justificados es por medio del sacrificio del Hijo de Dios.

"Al que no conoció pecado, por nosotros lo hizo pecado, para que nosotros fuésemos hechos justicia de Dios en él" (2 Corintios 5:20).

Lo más peligroso para un ser humano es enfrentarse a la justicia de Dios, sin Cristo. Dios en su justicia, no perdonará culpables; pero Dios en su justicia no culpará inocentes.

"Justificados, pues, por la fe, tenemos paz para con Dios por medio de nuestro Señor Jesucristo" (Romanos 5:1).

Cuando la Escritura hace referencia a la ira de Dios, realmente es un antropomorfismo. Haciendo referencia a la aplicación de la justicia de Dios sobre cierta conducta que atenta contra la vida y la humanidad. Como el caso de Sodoma y Gomorra por su conducta antinatural, y llena de injusticia. La maldad había madurado en Sodoma y Gomorra y era el momento de aplicar la justicia de Dios. La sentencia fue una sociedad culpable. El juicio fue destrucción con fuego y azufre desde el cielo.

Lo más peligroso para un ser humano es enfrentarse a la justicia de Dios, sin Cristo.

Los Ninivitas eran una sociedad cruel. Esta comunidad asaltaba pueblos y ciudades enteras, abrían los vientres de las mujeres y masacraban a las criaturitas antes de nacer, los hombres eran amarrados en cuatro estacas, a pleno sol, y vivos les quitaban la piel y le rociaban sal encima al moribundo. Llevaban la piel del martirizado y la colocaban en el muro de la ciudad como un trofeo. Cuando la maldad de Nínive maduró Dios descendió del cielo, aplicó su justicia. Nínive salió culpable y su sentencia fue que sería destruida y nunca más se volvería a levantar. Y así, sucedió: el juicio justo de Dios se aplicó con justicia. Nínive nunca volvió a ser.

Cuando las Escrituras afirman:

"Mía es la venganza, yo pagaré, dice el Señor"
(Romanos 12:19).

Es un antropomorfismo, una conducta humana que los hombres interpretan como el pago que se merece un violador de las leyes que atentan contra la vida y la sociedad. Realmente, lo que Dios esta es afirmando, que él es el Dios de Justicia, que en el momento adecuado, él hará el juicio, y aplicará la justicia perfecta. El Dios de justicia nos ayuda a descansar y dejar todo en sus justas manos.

Con relación a sí mismo Dios es Justo. No hay ley, en su propio ser o en su obrar, que sea violada en su propia naturaleza. Con relación a su creación y sus criaturas Dios también es Justo, no hay acción suya que viole código, o ley moral, o rectitud.

ANÁLISIS:

Defina la Justicia de Dios.

¿Qué es lo más peligroso para un ser humano?

"Al que no conoció pecado, por nosotros lo hizo pecado, para que nosotros fuésemos hechos justicia de Dios en él". (2 Corintios 5:21)

7. EL DISEÑO DE LA LIBERTAD DE DIOS.

En su libertad Dios es independiente de sus criaturas y de su creación. Siendo libre no está obligado a favorecernos a nosotros, solamente si el elige tener misericordia y extender su mano de amor y bondad. No tiene que hacer algo por nosotros, solamente que el elija hacerlo. Entonces Dios es bueno, todo lo ha hecho por su bondad; pues, Él no es deudor de nadie.

La voluntad de Dios es libre. Su acción está centrada en sus sabios propósitos que le otorga su poder infinito. La voluntad de Dios se puede distinguir entre la voluntad establecida de Dios y la voluntad Didáctica.

> Dios es bueno, todo lo ha hecho por su bondad; pues, Él no es deudor de nadie.

La voluntad establecida de Dios, contiene su propósito eficaz referente a todo lo que es, o todo lo que será, en la creación que Dios ha realizado.

La voluntad didáctica de Dios es aquella que solamente Dios manda pero no obliga a sus criaturas.

La voluntad didáctica se enfrenta al libre albedrío del hombre, sin exonerarlo de su responsabilidad frente al conocimiento de la voluntad de Dios. La voluntad didáctica se enfrenta a la decisión humana puede ser recibida o rechazada.

La libertad de Dios se establece con base en su naturaleza de amor, bondad, fidelidad, santidad y justicia, su único propósito es bendecir su creación. Jamás caerá en error pues su naturaleza es perfecta.

ANÁLISIS:

Defina la libertad de Dios.

Explique la voluntad establecida de Dios y la voluntad didáctica.

8. EL DISEÑO DE LA OMNIPOTENCIA DE DIOS.

La omnipotencia es la propiedad que establece que Dios es Todopoderoso. (EL SHADDAI), Dios todo lo puede, es capaz de hacer cualquier cosa acorde con su naturaleza. Dios se reveló a Abraham como el Todopoderoso (Génesis 17:1), a Moisés (Éxodo 6:3), a creyentes (2 Corintios 6:18), Al apóstol Juan (Apocalipsis 1:8; 19:6).

Se han hecho planteamientos sobre las limitaciones de la omnipotencia de Dios. Sin embargo, tendríamos que analizar: que es poder hacerlo todo. Por ejemplo no mentir (Tito 1:2). ¿Tiene alguna relación con la omnipotencia de Dios? , considero que no. Pues, Todopoderoso se refiere al poder ilimitado de Dios. La potencia para hacer lo sobrenatural.

Cuando los teólogos han planteado lo que Dios no puede hacer, hacen referencia a dos áreas: limitaciones naturales y limitaciones establecidas por la misma naturaleza divina. Por ejemplo: Dios no puede pecar, ni siquiera ser tentado a pecar (Santiago 1:13). No puede mentir (Tito 1:3) la mentira existe en un mundo natural, donde es necesario ocultar o hacer mal a través de una mentira; la cual, se convierte en engaño.

> Todopoderoso se refiere al poder ilimitado de Dios. La potencia para hacer lo sobrenatural.

Por ejemplo, el diablo es padre de mentira; pues, con su mentira hace vivir a la humanidad en un mundo de falsedad, y desviándolo del propósito y del diseño de Dios; pues, Dios dentro de su verdad ha establecido que todos lleguemos a ser conforme a la imagen de su hijo.

La omnipotencia de Dios se manifestó en la creación (Salmos 33:9), en la preservación de todas las cosas (Hebreos 1:3), en los milagros de Jesucristo, todo sucedía con el poder de su palabra y estas son manifestaciones de omnipotencia; además, una de las más grandes manifestaciones de omnipotencia fue la manifestación del poder de Dios en la resurrección de su Hijo Jesucristo (2 Corintios 13:4)(Romanos 8:11).

Debemos comprender que el poder infinito de Dios, designado como omnipotencia, es empleado en la ejecución de todo lo que es la perfecta voluntad de Dios. Se manifiesta con el propósito de bendecir y mantener la vida presente, futura y eterna.

ANÁLISIS:

Defina la Omnipotencia de Dios. Y sus manifestaciones.

9. EL DISEÑO DE LA OMNIPRESENCIA DE DIOS.

La omnipresencia de Dios es la manifestación de la totalidad de su Ser, en todo lugar. Sin límite de espacio, sin límite de tiempo, sin límite de velocidad, sin límite de oscuridad; además en lo abstracto, (como son los pensamientos y las intenciones del corazón) sin límite de la dimensión material y espiritual; pues aun en lo más profundo del Seol, ahí su presencia se manifiesta alcanzándolo todo. Un buen ejemplo de la omnipresencia de Dios se ilustra en la historia de Jonás.

"Y Jonás se levantó para huir de la presencia de Jehová a Tarsis, y descendió a Jope, y halló una nave que partía para Tarsis; y pagando su pasaje, entró en ella para irse con ellos a Tarsis, lejos de la presencia de Jehová" (Jonás 1:3).

Jonás creía que la distancia era suficiente, para escaparse de la omnipresencia de Dios. Jonás, no había tenido aun una experiencia con la omnipresencia del Dios Todopoderoso (EL-SHADAI). Aun Jonás *"Bajo al interior de la nave, y se echó a dormir"* (Jonás 1:5). El creía que aun, la inconciencia del sueño lo podía librar de la mirada penetrante de la presencia del Dios vivo, que le taladraba el alma.

Los propósitos de Dios siempre se llevarán a cabo en la tierra, bien sea por obediencia o por trituración. La historia del hombre ha demostrado que toda desobediencia trae trituración. La omnipresencia de Dios siempre está activa, en nuestras obediencias para bendición y en nuestras desobediencias para trituración.

Jonás atravesó su etapa de trituración. Paso el terrible viento, la terrible tempestad, trajo ruina a los marineros por llevar un desobediente en su nave, les tocó arrojar la carga y perder todos sus enseres. Lo levantaron, y Jonás les confesó que huía de la presencia de Dios. (Jonás 1:10). El mar también se embraveció y seguía aumentando su potencia demoledora.

> Los propósitos de Dios siempre se llevarán a cabo en la tierra, bien sea por obediencia o por trituración.

Jonás dijo:

"Tomadme y arrojadme al mar, y el mar se aquietará; porque yo sé que por mi causa ha venido esta gran tempestad sobre vosotros" (Jonás 1:13).

Jonás tuvo que pasar el túnel del vientre del pez.

"Pero Jehová tenía preparado un gran pez que tragase a Jonás; y estuvo Jonás en el vientre del pez tres días y tres noches" (Jonás 1:17).

La omnipresencia del Dios Eterno, se hizo presente en las profundidades del mar, en el oscuro vientre del pez.

"Entonces Jonás oró a Jehová su Dios desde el vientre del pez, y dijo: Invoqué a Jehová en mi angustia, y él me oyó; desde el seno del Seol clamé, y mi voz oíste" (Jonás 2:1,2).

En esta dimensión de sufrimiento y crisis, Jonás pudo comprender la inmensidad de la omnipresencia de Dios.

La revelación Divina del libro de Jonás nos da luz, para ampliar y profundizar en el atributo de la omnipresencia de Dios. Nadie puede escapar de la presencia de Dios. Esto advierte a los no creyentes que Dios es testigo presente de toda injusticia; pero también trae consuelo a los creyentes fieles, los cuales gozan de la constante presencia de Dios, para disfrutar y experimentar la Presencia Divina en todas las circunstancias de la vida.

ANÁLISIS:

Con base en las experiencias de Jonás, ilustre la Omnipresencia de Dios.

10. EL DISEÑO DE LA OMNISCIENCIA DE DIOS.

La omnisciencia de Dios, significa que Dios tiene el poder de conocerlo todo. Conocer todas las cosas, las pasadas, las presentes y las futuras; las materiales, como las inmateriales y abstractas. Las más ocultas, como sentimientos, intensiones humanas, y disposiciones; Dios conoce cada diminuto concepto científico, como cada macro universo científico; pues él es el creador de todo lo existente. Mientras el hombre descubre lo creado, y le dan premios por tan grande logro, Dios es la fuente, y origen de todas las cosas, sean simples y sencillas o las más complejas del universo, como es la vida y sus componentes.

El filósofo y teólogo A. W. Tozer describe la omnisciencia de Dios, así:

"Dios conoce instantáneamente y sin esfuerzo alguno, cada cosa y todas las cosas, cada mente y todas las mentes, cada espíritu y todos los espíritus, cada existencia y todas las existencias, cada pluralidad y todas las pluralidades, cada ley y todas las leyes, , todas las relaciones, todas las causas, todos los pensamientos, todos los misterios, todo enigma, todo sentimiento, todos los deseos, cada secreto no declarado, todos los tronos y dominios, todas las personalidades, todas las cosas visibles e invisibles en el cielo y en la tierra, movimiento, espacio, tiempo, vida, muerte, el bien, el mal, el cielo, y el infierno.

Porque Dios conoce todas las cosas perfectamente El no conoce cosa mejor que otra, sino que las conoce a todas por igual. El nunca descubre nada, nunca se sorprende, nunca se asombra. Nunca se siente intrigado tocante a alguna cosa, ni busca información o hace preguntas" (excepto cuando está tratando de atraer a los hombres para el propio bienestar de ellos). (A.W. Tozer, The Knowledge of the Holly).

Dios conoce todo lo referente a nuestra vida. Nuestro origen, y diseño, aun antes de nacer (Salmo 139:13-17). Dios conoce todos los acontecimientos futuros. Le reveló a Daniel lo que sucedería a través de los tiempos; de la misma forma al apóstol Juan en su revelación apocalíptica. Realmente quedamos asombrados al ver como cada profecía se ha ido cumpliendo a través de los tiempos. Y como el Dios omnisciente ha podido ver y revelar los acontecimientos. Dios es omnisciente.

> Dios conoce todo lo referente a nuestra vida. Nuestro origen, y diseño, aun antes de nacer

ANÁLISIS:

Defina la Omnisciencia de Dios.

Explique cómo Dios te diseñó y desde cuándo te conoce. (Salmo 139:14'17).

11. EL DISEÑO DE LA SANTIDAD DE DIOS.

La palabra "Ser Santo", se deriva del hebreo "Quadash", y de la raíz hebrea "gad" y significa cortar o separar. Es una de las manifestaciones dadas exclusivamente a Dios en el Antiguo Testamento. De la misma forma se utiliza en el Griego del Nuevo Testamento las palabras "hagiazo" y "hagios". La idea se amplía a la relación de Dios con una persona o cosa.

Se plantea a Dios como absoluto y distinto a todas las criaturas, en exaltación sobre ellas en infinita majestad, y perfección. Su santidad es inigualable, pero si imitable y meta de los redimidos en su conducta terrenal.

La santidad de Dios es la perfección central y suprema de los atributos de Dios; la santidad de Dios permite que todos los demás atributos estén garantizados en su manifestación de perfección e integridad. Dios es santo en cada manifestación, y en cada revelación, de bondad y gracia, como también en su justicia y juicio (ira). Teniendo en cuenta que la ira de Dios no es una manifestación emocional de Dios, sino una manifestación de juicio como resultado de la violación de leyes de la santidad de Él, en sus Escrituras, por sus criaturas.

La santidad es una manifestación sujeta a principios valores y mandamientos. O sea que para la interpretación humana, la santidad es un estado ético, en el cual el santo no ha violado ningún principio de justicia; pues, *"toda injusticia es pecado"*. (1 Juan 5:17)

Dios manifiesta su justicia dando a cada uno lo correspondiente, conforme a sus merecimientos. Demostrando su carácter santo de manera justa.

También, la santidad es aquella que se enfrenta a todo lo sucio e inmundo, impuro y malo. La santidad demuestra que todo lo inmundo es contrario a la santidad, especialmente en leyes higiénicas, las cuales permiten una buena salud, tanto física como emocional y espiritual. La santidad es la presencia del bien, y la ausencia del mal.

En Dios se revela la santidad y está en su naturaleza esencial, como en su voluntad y acción.

La santidad de Dios no permite el acercamiento de pecadores. La única forma de acercamiento del ser humano es por medio de la santificación, la cual provee el sacrificio de Cristo. (1 Juan 1:8,9) La sangre de Cristo provee santificación instantánea desde el punto de vista espiritual. Mientras que en el aspecto práctico, ético, la provisión de Dios permite una santificación progresiva, por medio de la palabra de Dios, la obra del Espíritu Santo, y la disposición de arrepentimiento del creyente.

La doctrina de la Soteriología (salvación), incluye a la santidad como requisito fundamental para la salvación, y disfrute de la eternidad.

Planteamiento apologético:

La santidad de Dios es una demostración apologética de la pureza del Dios vivo. Existe un Dios, pues la conducta de Santidad del Dios de la Biblia no es una conducta de un ser mortal. La santidad solo se pudo plantear por un Dios Santo.

ANÁLISIS:

Defina la santidad de Dios

Explique: ¿Porqué de acuerdo al planteamiento apologético, la Santidad demuestra la existencia de Dios?

12. EL DISEÑO DE LA SOBERANÍA DE DIOS.

Dentro de las perfecciones divinas enumeradas, se encuentra la soberanía de Dios. Esta se descubre en cada diseño, y acción, y ubicación de las cosas en la creación. En los límites designados al hombre, sus días, sus generaciones, y la acción divina dentro de la gracia salvadora. El hombre no se salvó, Dios en su inmensa soberanía, y sabiduría diseño el sistema salvífico.

El Todopoderoso y soberano Rey del universo creo el diseño de una voluntad perfecta, diseño vivible que contiene el éxito total, para el que lo disfrute practicándolo.

Dentro de la acción Soberana el Dios del universo, revela su autoridad en las cosas existentes. Dios está en absoluta autoridad; pues Él es el creador y tiene un dominio perfecto, desde el principio de las cosas visibles hasta el final de ellas. Él puede disponer de su mundo creado como el desee; sin embargo, su querer y buena voluntad está guiada por condiciones y características reflejadas en sus manifestaciones y atributos los cuales hacen de su autoridad soberana la perfección de un Dios correcto y Santo en su ejecución.

Toda la Majestad y la Gloria pertenecen a Él. Todo lo creado le pertenece en absoluta posesión. Los hombres son administradores temporales de los bienes del Dios Soberano y Eterno. Pues, *"del Dios Eterno (Yahveh) es la tierra y su plenitud, el mundo y los que en el habitan"* (Salmo 24:1).

El cronista expresa las palabras del rey David, sobre la Soberanía de Dios en los versiculos siguientes:

> Los hombres son administradores temporales de los bienes del Dios Soberano y Eterno.

"Tuya es ¡Oh Jehová! La magnificencia y el poder, la gloria, la victoria y el honor; porque todas las cosas que están en los cielos y en la tierra son tuyas. Tuyo ¡Oh Jehová! es el reino, y tú eres excelso sobre todos. Y las riquezas y la gloria proceden de ti, y tu dominas sobre todo; en tu mano está la fuerza y el poder, y en tu mano el hacer grande y dar poder a todos" (1 Crónicas 29:11,12).

Con relación a sus criaturas, el canto de Ana hace la siguiente afirmación soberana:

"El levanta del polvo al pobre, y del muladar exalta al menesteroso, para hacerle sentar con príncipes y heredar un sitio de honor. Porque de Jehová son las columnas de la tierra, y el afirmó sobre ellas el mundo. El guardará los pies de sus santos, más los impíos perecen en tinieblas; porque nadie será fuerte por su propia fuerza. Delante de Él serán quebrantados sus adversarios, y sobre ellos tronará desde los cielos; Jehová juzgará los confines de la tierra, dará poder a su Rey, y exaltará el poderío de su Ungido" (1 Samuel 2:8-10).

Estamos seguros en su soberanía. El Dios soberano actúa con justicia y equidad. Para dar a cada uno lo correspondiente. No perdonará culpables, ni castigará inocentes.

Nuestras oraciones diarias nos ayudan a recibir respuestas de protección del Dios soberano.

"No nos dejes caer en tentación, ("...Dios no puede ser tentado por el mal, ni Él tienta a nadie") (Santiago 1:13) "más líbranos del mal; porque tuyo es el reino, el poder, y la gloria, por todos los siglos. Amén" (Mateo 6:13).

Explique cómo se revela la soberanía de Dios.

De algunos ejemplos bíblicos.

13. EL DISEÑO DE LA UNIDAD DE DIOS.

El atributo de la unidad se hace necesario frente al planteamiento trinitario. Dios es trino y mantiene su unidad perfecta. Algunos teólogos separan la unidad de la simplicidad; sin embargo considero que podríamos entrelazarlos ya que la simplicidad, afirma ser un atributo de unidad simple, sin mezcla, puro, e indivisible. Cumpliendo y ampliando así, el concepto de unidad. Comprendamos entonces que el planteamiento trinitario, es un planteamiento triteista.

Dios es uno. Dios es una esencia pura. "Jehová nuestro Dios Jehová uno es". "El Dios eterno el Yo soy, El Dios Eterno uno es" (Deuteronomio 6:4). Él es eterno, no tiene sombra de variación.

"Ved ahora que yo, soy yo, y no hay dioses conmigo" (Deuteronomio 32:39).

"Así dice Jehová, Rey de Israel, y su Redentor, Jehová de los ejércitos: Yo soy el primero, yo soy el postrero, y fuera de mi no hay Dios" (Isaías 44:6).

"Y que no hay más que un Dios" (1 Corintios (8:4).

Durante todas las Escrituras aunque se manifiestan las pluralidades. Como: Hagamos, nuestra, descendamos, confundamos, ¿A quién iremos? ¿Quién irá por nosotros?; sin embargo, el Dios del cielo mantiene su unidad majestuosa, que solo hay un solo Dios.

Jesús el Hijo de Dios siendo humano permaneció en unidad perfecta con la voluntad de Dios, y bajo la dirección del poder del Espiritu Santo. Jesús no era el Padre Dios, Jesús no era el Espiritu Santo; sin embargo, vivió en unidad perfecta, haciendo la voluntad de Dios siendo Hijo de Dios; cumpliendo con los designios eternos de su voluntad. La vida y acción de Jesús es el mejor ejemplo de la triunidad de Dios. Sus expresiones afirman su perfecta unidad.

"Yo y el Padre uno somos". (Juan 10:30)

"¿No crees que yo soy en el Padre y el Padre en mí? Las palabras que yo os hablo, no las hablo por mi propia cuenta, sino que el Padre que mora en mí, él hace las obras. Creedme que yo soy en el Padre, y el Padre en mí; de otra manera, creedme por las mismas obras". (Juan 14:10,11)

Toda la acción de Jesús durante su vida fue una eterna conexión. Venía desde la eternidad en unidad Divina, había recibido todas las cosas de las manos de su Padre en esta dimensión terrenal, e iba de regreso a la eternidad resucitado y glorificado. Nunca dejó de ser Dios ni de hacer la voluntad de Dios.

> Jesús no era el Padre Dios, Jesús no era el Espiritu Santo; sin embargo, vivió en unidad perfecta, haciendo la voluntad de Dios siendo Hijo de Dios.

"Sabiendo Jesús que el Padre le había dado todas las cosas en las manos, y que había salido de Dios, y a Dios iba..." (Juan 13:3)

ANÁLISIS:

Defina la unidad de Dios y coloque un ejemplo.

____

____

____

14. EL DISEÑO DE LA VERDAD DE DIOS.

Podríamos definir como verdad lo que no cambia.

La verdad se ve reflejada en Cristo, más que en todas las manifestaciones Divinas. Jesús es la imagen visible del Dios invisible. El viene a traer una revelación de la verdad, la cual nadie había visto jamás. El significado de verdad se convierte en filosófico para la mente humana. Aun Pilato le preguntó a Jesús: *¿Qué es la verdad?* (Juan 18:38). Demostrando así, lo difícil que se puede definir el concepto verdad.

Podríamos aplicar al principio de la verdad los siguientes planteamientos.

Podríamos definir como verdad lo que no cambia. Si alguien te promete algo y después cambia de opinión y no cumple se puede definir como algo carente de verdad. Entonces lo cambiante carece de verdad. Dios es verdadero porque en él no hay sombra de variación, "yo Jehová no cambio".

Podríamos definir como carente de verdad lo que lleva al fracaso. Enseñanzas equivocadas, carentes de principios que llevan al dolor, al sufrimiento, a la ruina, a la enfermedad, a la muerte, a la separación con Dios, y a la condenación eterna. Todos estos planteamientos de fracaso nos hacen deducir que carecen de verdad. Están clasificados dentro de un sistema mentiroso, dudoso, falso, sin vida, y sin futuro.

Podríamos decir que Dios es verdadero, porque sus principios establecidos en las Sagradas Escrituras, los cuales fueron practicados por su Hijo, como la base de su vida sin tacha, sin pecado y sin contaminación, son la absoluta verdad para la vida del hombre. O sea, que el ejemplo de Jesús y sus enseñanzas son la verdad, el reflejo de la verdad del Dios verdadero, y la verdad que nos lleva al éxito en la vida terrenal, y al éxito eterno.

Podríamos definir como carente de verdad lo que lleva al fracaso.

Por el contrario, cuando Jesús plantea que el diablo es padre de mentira, es porque ha establecido un sistema de cosas, falso que conduce a la destrucción del hombre, en su vivir diario; y además, a la enemistad con Dios, y a la condenación eterna. Dios es verdadero. En el no hay cambios, ni contradicciones, el afirmó el mundo y no se moverá de sus principios.

Los pensamientos del hombre cambian constantemente porque son carentes de verdad. Sus interpretaciones cambian porque carecen de verdad. Por tanto, para el

> Los pensamientos del hombre cambian constantemente porque son carentes de verdad.

hombre no hay verdades absolutas; pues carece de la percepción completa para lograr afirmaciones verdaderas.

Solo Dios es verdadero; pues, está completo, y no le falta nada. Verdad apologética que permite establecer la carencia del hombre y la veracidad de Dios.

ANÁLISIS:

Defina la verdad de Dios

¿Por qué el diablo es padre de mentira?

¿Por qué Jesús es la verdad?

15. EL DISEÑO DE LA VIDA DE DIOS.

No sé la razón por la cual los teólogos han dejado por fuera la vida como una de las manifestaciones o atributos de Dios. La vida es lo más importante en el planeta tierra y todo existe para proteger la vida y mantenerla. La Biblia habla "Del Dios vivo", "Del Dios Viviente", "Del Viviente que me ve". Dios no solo tiene vida, él es el Dios Viviente. Él es el autor de la vida. El dador de vida. Los humanos somos seres vivientes por el soplo del Dios viviente.

"Entonces Jehová (El Dios Eterno) Dios formó al hombre del polvo de la tierra, y sopló en su nariz aliento de vida, y fue el hombre un ser viviente" (Génesis 2:7).

La vida del hombre no era temporal, era vida eterna, dada por el Dios Eterno. Desde el momento que Dios aparece en el escenario Bíblico, Dios es un Dios Vivo, portador de vida, diseñador de vida y transmisor de vida.

Cuando Juan el teólogo transmite la revelación del Hijo de Dios, afirma:

"Todas las cosas por Él fueron hechas, y sin Él nada de lo que ha sido hecho, fue hecho. En Él estaba la vida, y la vida era la luz de los hombres" (Juan 1:3,4).

Aquí hay una gran revelación del autor de la vida. El Hijo está descrito como nuestra luz, el reflejo del Dios vivo, como el portador de la vida.

Pedro en su segundo sermón, afirma:

"Más vosotros negasteis al Santo y al Justo, y pedisteis que se os diera un homicida, y matasteis al Autor de la vida, a quien Dios ha resucitado de los muertos, de lo cual nosotros somos testigos" (Hechos 3:14,15).

Aunque los hombres cometieron semejante atrocidad. El Autor de la vida, daba su vida, para dar vida. Y el Padre poseedor de vida, daría vida a su hijo resucitándolo de los muertos. Dejándonos así, la muestra de las primicias de nuestra herencia de vida eterna, para los que creemos en Jesucristo nuestro salvador y dador de vida.

Planteamiento apologético:

Para los humanos la vida es un misterio biológico increable, reproducible pero increable. Podemos destruir un árbol y hacer una mesa. Pero no podemos tomar una mesa y hacer un árbol. Podemos tomar las muestras de la vida y reproducirla; pues, el autor de la vida nos dio esa facultad. Podemos sembrar una semilla pero no crearla.

Planteamiento apologético:

La vida es un atributo que solo le corresponde su origen al Dios del diseño del universo; pues, él creó primero un universo con las condiciones necesarias para garantizar la permanencia de la vida. Creó todos los miles de diseños en el universo, complementarios e individuales para garantizar la permanencia de la vida.

Vivimos en un mundo seguro.

"Jesús vino al mundo para que tuviéramos vida y la tuviéramos en abundancia" (Juan 10:10).

Conclusión: Todos los nombres de Dios revelados en las Sagradas Escrituras, todos sus atributos y perfecciones, reflejan el Dios de la verdad, en su manifestación y crean un diseño analítico, pedagógico y práctico para los seres humanos. No existe otro cuadro de Majestuosidad, Santidad, Poder, Dominio, Autoridad, y Ejemplo inigualable. Registrado en un libro en este planeta y en este universo conocido que nos muestre un mejor diseño. El Dios del universo se nos presenta como el mejor diseño, digno de estudiar, digno de imitar y base de nuestra vida y esperanza. Dios es nuestro mejor diseño. Dios no es diseño inicial, sino diseño para percibir e imitar.

ANÁLISIS:

Explique el origen de la vida y sus componentes.

LIBRO II

PLANTEAMIENTOS APOLOGÉTICOS

LA APOLOGÉTICA BÍBLICA

LA BASE DE LA FE GENUINA

CAPÍTULO II

EL DISEÑO INTELIGENTE DE ELOHIM

(Argumentos apologéticos)

"En el principio creó Dios los cielos y la tierra"
(Génesis 1:1).

El diseño del Dios Viviente, y Todopoderosos nos permite dibujar un diseño maravilloso y sobrenatural, con base en sus manifestaciones, revelaciones, y su creación inteligente.

A. UN CREADOR, UN PRINCIPIO, UN EFECTO. CIELOS Y TIERRA. (Génesis 1:1)

El versículo uno de la Biblia demuestra coherencia completa desde la perspectiva científica, filosófica y analítica. Un momento determinado. Un origen de las cosas, Una causa creadora, Un Creador, un efecto creado. Y un diseño predeterminado. En un momento determinado cuando se inicia la dimensión del tiempo, se originan los cielos y la tierra.

Como todas las cosas son el resultado de una causa, surge una causa creadora. Por primera vez se maneja el concepto creación. La creación da origen a los cielos y la tierra.

En el mundo material se concibe el concepto diseño, y creador. Entonces se registra la existencia de un diseñador y creador, no se discute su origen, puesto que se carece de la información y el conocimiento de las condiciones esenciales del Creador.

El planteamiento produce el propósito causal, como toda causa produce un efecto, entonces se registra el efecto producido por la causa creadora. El resultado, es el efecto, los cielos y la tierra. El efecto de la causa es un mundo material, con condiciones que tienen un propósito: Dar vida.

Un diseño predeterminado, alcanza los objetivos y propósitos por lo cual fue predeterminado. El Universo es un mundo con diseño predeterminado, para cumplir el propósito de mantener la vida; por medio de sus múltiples diseños reproductivos, alimenticios y protectores. La vida es un diseño, y el mundo que la protege su complemento. El Dios del universo predeterminó y diseñó el propósito de nuestra permanencia.

ANÁLISIS:

Explique los propósitos en la creación del universo.

B. PLANTEAMIENTOS APOLOGÉTICOS GENERALES.

Para determinar de una manera objetiva y clara la veracidad de la acción del Dios Omnipotente. Se requiere de análisis objetivo, que permita una explicación acertada de la existencia de Dios. Para fundamentar esta ponencia, apelaremos a diferentes argumentos planteados por filósofos y teólogos durante la historia.

1. Planteamiento de Causa y Efecto.

Este argumento tiene cuatro premisas o bases fundamentales, para su validez.

> a. Cada causa tiene un efecto. O sea que desde el momento que se activa como causa, está obligada a producir un efecto.

> b. Cada efecto tiene una causa. Todo lo sucedido fue causado, en el mundo material nada existe sin causa.

> c. El efecto causado requiere de la causa para su existencia. Si no hay causa no hay efecto y no puede haber efecto sino hay causa o suceso.

> d. Aplicando el principio apologético se concluye que todo lo existente es el efecto de la causa inicial. En este caso, el universo presente, con todas sus condiciones de sabiduría, y descubriendo su objetivo que es dar vida. Se afirma, que fue necesario un Creador (La causa sobrenatural y eterna) para producir el mundo inteligente y el propósito por el cual existe; el cual es el efecto.

"Por la fe entendemos haber sido constituido el universo por la palabra de Dios, de modo que lo que se ve fue hecho de lo que no se veía" (Hebreos 11:3).

> Aplicando el principio apologético se concluye que todo lo existente es el efecto de la causa inicial.

Vemos entonces el ejercicio del efecto creador del Dios Todopoderoso. Por medio de la Palabra (Rhema). La palabra del griego Rhema, se interpreta como la expresión divina que es capaz de crear las cosas con la emisión de su voz.

"Y Dios dijo: Sea la luz, y fue la luz" (Génesis 1:3).

Tenemos como base el argumento de la creación. Este argumento se denomina cosmológico.

ANÁLISIS:

Explique el principio de causa y efecto en la creación del universo.

____

____

2. Planteamiento Organizacional.

El universo es un sistema organizacionalmente funcional. Contiene leyes, tiempo para la existencia de las cosas hasta cumplir su propósito, espacio apropiado para su funcionalidad, y condiciones que permiten el hábitat y la preservación de la vida.

Con base en estas premisas, podemos afirmar que el universo es un sistema inteligentemente diseñado, con cada detalle, y con cada objetivo planeado con anterioridad.

> El universo es un sistema organizacionalmente funcional

Planteamientos apologéticos:

El mundo ha sido diseñado inteligentemente, con propósitos establecidos para conservar la vida.

a. Planteamiento uno: El universo es un sistema inteligente.

Todo sistema requiere de observación y análisis, requiere de unas conclusiones; todo sistema suple necesidades validas; al cumplir los anteriores planteamientos el sistema se diseña, se crea y surge el sistema. Entonces, si el universo es un sistema inteligente requirió de un ser inteligente para su creación.

b. Planteamiento dos: Todo sistema organizacional requiere de un diseño.

Con base en las necesidades planteadas se diseña aquello que dará la solución a la necesidad. Entonces, si el universo es un sistema organizacional inteligente requirió de un diseñador inteligente.

c. Planteamiento tres: Todo sistema organizacional inteligente es creado para suplir necesidades.

El universo es un sistema inteligente que suple necesidades especialmente vitales, y se dirige a alcanzar estos objetivos. El universo es la respuesta con las condiciones que se requieren para conservar la vida. El planeta tierra es el lugar más seguro, comprobado, para vivir y conservar la vida.

> Si el universo es un sistema organizacional inteligente requirió de un diseñador inteligente.

Entonces, si el universo tiene razones válidas para existir, tiene condiciones que suplen las necesidades de la vida, y tiene un propósito preestablecido; cabe afirmar que un Ser supremo, sabio; organizó, diseñó, y creó, las condiciones y el propósito del universo. A este planteamiento se le denomina argumento teleológico.

ANÁLISIS:

De acuerdo a los planteamientos apologéticos, describa los propósitos del universo y a su Creador.

3. PLANTEAMIENTO HUMANO.

El hombre es un ser vivo, un ser con condiciones espirituales, que lo convierte en un ser moral; sus condiciones analíticas reflexivas, y creativas lo hacen un ser inteligente. La materia no es viva, no es moral, no es reflexiva, no es inteligente, no es creativa. El cuerpo del hombre es materia, es una fuerza inanimada, e inconsciente que no permite la concepción de la creación misma del hombre.

El hombre es más que un cuerpo, con condiciones de vida, con un cerebro pensante, con una capacidad de decidir entre el bien y el mal, con la inteligencia creativa de transformar el mundo, y suplir nuevas formas de satisfacción en su realización diaria.

El teólogo y doctor Charles C. Ryrie, hace la siguiente pregunta: ¿Cómo se puede explicar que el hombre, un ser moral, inteligente, y viviente, pudiera existir aparte de un Dios moral, inteligente, y viviente? La condición de un hombre con condiciones espirituales y físicas demuestra una dualidad de un ser perteneciente al mundo natural, pero en esencia un ser con origen y virtudes espirituales. Entonces podemos afirmar que la materia no puede crear por si misma condiciones espirituales, morales, inteligentes, se requiere de alguien que tenga las mismas condiciones y que tenga el poder o facultad para transmitirlas a su voluntad y generosidad.

Planteamiento apologético.

El hombre es un ser viviente con condiciones, espirituales, morales, e inteligente. Su cuerpo material no puede producir en sí mismo estas condiciones; por tal razón, se ha requerido de la intervención del Dios Todopoderoso y autor de la vida, el cual en su voluntad generosa, le ha otorgado la naturaleza espiritual y la vida, al hombre material.

"Y creo Dios al hombre a su imagen, a imagen de Dios lo creó varón y hembra los creo" (Génesis 1:27).

"Entonces Jehová Dios formó al hombre del polvo de la tierra, y sopló en su nariz aliento de vida, y fue el hombre un ser viviente" (Génesis 2:7).

El planteamiento del hombre creado a la imagen de Dios, con condiciones espirituales, morales, e inteligentes semejantes a Dios, se conoce como el Argumento Antropológico.

ANÁLISIS:

Describa las cualidades y rasgos que identifican la imagen de Dios en el ser humano.

---

4. PLANTEAMIENTO DEL SER.

Desde el momento que el ser humano descubre que existe, y descubre su entorno; descubre también, la idea de un Ser Más Perfecto; descubre la existencia de ese Ser Más Perfecto. Descubriendo que el Ser existente, existe por su perfección. Si no existiera, no tendría el concepto del Ser Perfecto. Por tanto, si la idea de la existencia está implicada en el Ser Más Perfecto, ese Ser Más Perfecto tiene que existir.

La naturaleza humana es impulsada a observar su origen en lo alto, en el cosmos, en las estrellas. La historia es fiel testigo de este hecho. Las diferentes culturas antropológicas han dibujado en sus prácticas la búsqueda del Ser Más Superior. Han adorado estrellas, ofrecido sacrificios, han construido altares, como el reflejo de su genética, mirando hacia su propio origen, al Dios del cielo.

> Dios ha registrado su existencia en la mente del hombre.

Aunque el hombre no tenga conocimiento teológico, bíblico, o religioso. El hombre mira y pone su esperanza en el cielo. A este planteamiento se le denomina Argumento Ontológico. El argumento basado en el Ser.

Grandes filósofos lo han planteado, como: Anselmo, Descartes, Tomas de Aquino y otros. Dios es la causa de todas las cosas, y creador del registro de la mente del hombre con la idea innata de su existencia. Dios ha registrado su existencia en la mente del hombre. De acuerdo a este argumento la existencia de Dios está confirmada por el hecho que la mente humana cree que El existe.

Planteamiento apologético:

Si el hombre tiene registrado a Dios en su memoria genética, el creador registró su presencia en él. Entonces, Dios existe.

ANÁLISIS:

Explique el registro genético de Dios en el ser humano.

___

C. LOS DISEÑOS PARTICULARES Y COMPLEMENTARIOS FORMAN EL DISEÑO PERFECTO.

Comprendamos el diseño.

1. ORIGEN DEL DISEÑO.

> Todos los diseños inteligentes hacen una riqueza uniforme, que permite la creación de la riqueza completa.

Antes de la existencia de la materia estaba Dios (y su inalcanzable sabiduría) el cual produciría los millones de diseños inteligentes, materiales, animados e inanimados, que componen este universo.

El mundo está compuesto de diseños inteligentes. Los diseños inteligentes son complementarios los unos de los otros. Sin un diseño, el diseño total estaría incompleto.

Todos los diseños inteligentes hacen una riqueza uniforme, que permite la creación de la riqueza completa.

Solamente cuando comprendamos la complejidad del diseño podremos estar preparados y equipados, para producir las riquezas que contiene el diseño, y hacer que ellas sean parte de nuestra vida.

ANÁLISIS:

¿Quién creó los millones de diseños inteligentes que componen el universo?

¿Qué se entiende por diseños complementarios?

¿Qué tenemos que hacer para que las riquezas sean parte de nuestra vida?

2. ANTES DEL MUNDO FINITO, ESTABA EL MUNDO INFINITO.

En el mundo infinito estaba el diseño del mundo finito. El diseño infinito produjo un diseño con condiciones finitas e infinitas.

Nosotros somos el diseño de un mundo infinito, inmersos en un mundo que contiene las dos características finitas e infinitas. Somos la sabiduría del infinito. Somos la riqueza máxima del infinito; somos la imagen visible del infinito invisible.

ANÁLISIS:

¿Qué fue primero en la creación, el diseño finito, o el diseño infinito?

---

3. TODA RIQUEZA ESTA EN EL DISEÑO.

Todo fue originado y creado con base en el diseño. El diseño contiene: Sabiduría, inteligencia, análisis, reflexión, creatividad, visión, misión, autoridad, dominio, dignificación, autorrealización, valor, persistencia, continuidad, crecimiento, etc. Y una serie de incontables riquezas, como es el poder de crecer, multiplicar y prosperar. El ser humano fue diseñado único, capaz de crear lo inimaginable.

> Todo fue originado y creado con base en el diseño. El diseño contiene: Sabiduría, inteligencia.

"Y los bendijo Dios, y les dijo: "Fructificad y multiplicaos, llenad la tierra, y sojuzgadla, y señoread en los peces del mar, en las aves de los cielos, y en todas las bestias que se mueven sobre la tierra" (Génesis 1:28).

Las Sagradas Escrituras afirman que los tesoros que

Elohim transmite por medio de su bendición son productividad, multiplicación, expansión, análisis y creatividad, autoridad y dominio. Toda esta lista de bendiciones está registrada en el diseño infinito.

Todo era una acción llena de bondad y generosidad del Creador. Al final de la creación de tan grande tesoro, Dios evalúa la creación, y concluye que es en gran manera bueno (significa lleno de bondad).

La bondad de Dios había hecho del hombre, el ser más rico del universo.

"Y vio Dios todo lo que había hecho, y he aquí que era bueno en gran manera" (Génesis 1:31).

Dios en su generosidad en aquel momento hizo de Adam y de Eva los seres más ricos del mundo. Ellos eran señores y dueños de la tierra. La gente hoy lucha por tener un terreno, una casa, una finca, un Estado y hasta un País. La bondad de Dios había hecho del hombre, el ser más rico del universo, Elohim le había entregado en sus manos un mundo perfecto.

ANÁLISIS:

Explique por qué el universo fue creado en bondad y generosidad.

4. EL MUNDO PERFECTO ESTA BASADO EN EL DISEÑO PERFECTO.

El diseño perfecto está compuesto de millones de diseños perfectos. Cada diseño es complementario. Sin un diseño de los millones de diseños que componen el diseño perfecto, el diseño perfecto estaría incompleto, y carecería de perfección.

> El diseño perfecto está compuesto de millones de diseños perfectos.

El diseño es perfecto, porque permite de manera perfecta cumplir el objetivo de dar y mantener la vida.

ANÁLISIS:

Explique por qué el diseño del universo es perfecto.

5. CADA DISEÑO ES INDIVIDUAL E IRREPETIBLE.

De la misma forma el diseño humano es individual e irrepetible. Tu diseño es único, así como tu diseño físico es único; tus huellas son únicas; también, el diseño que se ha formado en tu mente es único, es tu mundo, es tu espacio, es tu dimensión y tu radio de acción.

De tu diseño dependerá tu potencial. Parte de tu diseño es tu visión, tu luz; además, tu diseño es activo, tu diseño es poderoso. De acuerdo a la amplitud de tu diseño, así será tu potencial para producir riquezas.

De la misma forma el diseño humano es individual e irrepetible. Tu diseño es único, así como tu diseño físico es único; tus huellas son únicas;

ANÁLISIS:

¿Por qué tu diseño es único?

¿Qué permite el desarrollo de nuestro potencial?

6. EL DISEÑO ES CREATIVO.

El diseño ha creado muchos sistemas en la era actual. Ha enriquecido a muchos; el diseño creará muchísimos sistemas y el mundo será enriquecido. Tu puedes ser el próximo creador; pues el diseño tiene poder infinito. El diseño te hace ver lo que otros no ven, te hace llegar donde otros no han llegado, ni llegarán. Solo tú llegarás por el diseño creativo que hay en ti.

ANÁLISIS:

¿Qué le lleva a descubrir el anterior planteamiento?

7. EL DISEÑO ES COMPLEMENTARIO.

El diseño completo del universo, está constituido por millones de diseños complementarios; como se planteó anteriormente, sin un diseño, el diseño perfecto estaría incompleto y dejaría de ser perfecto. Y no cumpliría con las condiciones para producir y mantener la vida, y perdería su perfección. Cada diseño complementa al otro.

Un diseño es el diseño del hombre, otro es el diseño de la mujer, ellos existen con un propósito y el uno es complemento del otro, el diseño femenino es totalmente diferente al diseño masculino. Ambos completan un diseño en el propósito del universo, y es producir y dar vida. El complemento es uno de los planteamientos más fundamentados para demostrar la existencia de la sabiduría Divina, como motor de la creación del universo.

La teoría de la evolución de las especies carece de fundamento cuando se plantea:

¿Cómo un ser individual como la mujer podría evolucionar simultáneamente en órganos complementarios con los órganos evolucionados del varón?

Realmente dentro de una lógica científica no hay, ni habrá respuesta. Solo un diseño previo, sabiamente determinado, pudo producir diseños complementarios con propósitos determinados para producir vida y mantener la vida.

Planteamiento apologético:

Existe un Dios sabio, inteligente, poderoso, con el poder de diseñar un universo completo con sus diseños independientes y complementarios. Existe un Dios, el cual creo un mundo perfecto, que se ajusta a las condiciones perfectas, y que alcanza el propósito de mantener y dar vida.

ANÁLISIS:

Describa los propósitos de los diseños complementarios.

D. OBJETIVO APOLOGÉTICO. PROTEGER Y MANTENER LA VIDA.

Todo el universo tiene un propósito predeterminado, y es proteger y mantener la vida. Sin la vida el planeta no es importante; su importancia y valor se eleva por la presencia de la vida. La luna no tiene ningún valor mientras no se comprenda la conexión y el beneficio para la vida. Las riquezas se producen con base en el beneficio para la vida; podemos tener una mina de diamantes, pero sin vida no hay ningún valor ni razón de ser; así sean diamantes.

> La sabiduría Divina diseñó y creó un mundo con condiciones inteligentes para proteger la vida.

La sabiduría Divina diseñó y creó un mundo con condiciones inteligentes para proteger la vida. La luz, la temperatura, la atmosfera, la hidrografía, la cantidad de agua, la semilla, la oxigenación y su fotosíntesis, el género femenino y masculino, la lluvia y la nieve, la traslación y rotación del planeta, el sol y la luna, etc. Cada diseño tiene como objetivo preservar la vida, si faltara uno de estos diseños el mundo fracasaría y nos llevaría a la muerte.

Planteamiento apologético.

Existe un Dios supremamente inteligente, el cual diseñó el mundo, con condiciones que garantizarían la permanencia de la vida. Esto es irrefutable.

ANÁLISIS:

¿Cuál es el propósito predeterminado del universo?

¿Qué es lo que hace valiosas las cosas en el mundo?

____

____

¿Qué desea el Creador que hagamos con el planeta tierra?

____

____

¿Por qué la gente se casa y tiene familia?

____

____

E. EL DISEÑO DE LA LUZ.

Elohim, (El Dios creador) diseñó la luz, para el planeta tierra y sus componentes. Tenía el objetivo de proveer un sistema de percepción para las criaturas que había diseñado crear. Sin la luz se hace difícil la percepción, la productividad, la traslación rápida, y la comunicación visual.

Otro objetivo de la luz era proveer una temperatura adecuada que permitiera constantemente la vida. Esta luz debía ser exacta, proveer la temperatura exacta, tener una distancia exacta. De acuerdo al tamaño del proyecto tierra, así debía ser el tamaño y la fuerza de la temperatura.

> De acuerdo al tamaño del proyecto tierra, así debía ser el tamaño y la fuerza de la temperatura.

"Y dijo Dios: Sea la luz, fue la luz" (Génesis 1:3).

Planteamiento apologético.

Existe un Dios sabio e inteligente que diseñó y creó el sistema de la luz, para proveer percepción, y temperatura adecuada que permita la permanencia de la vida.

ANÁLISIS:

¿Por qué el diseño de la luz es necesario en el universo?

F. EL DISEÑO ATMOSFÉRICO.

El segundo día de la creación Dios manifestó su poder y su inteligencia, creando el sistema atmosférico. Todo estaba diseñado, con el oxígeno adecuado, el cual proveería y mantendría la vida constante.

> El propósito de la atmosfera era alimentar la vida por medio de la oxigenación.

Podemos vivir sin comer ocho días, podemos vivir sin agua tres días, pero no podemos vivir sin oxígeno cinco minutos. El propósito de la atmosfera era alimentar la vida por medio de la oxigenación. El diseño atmosférico venía con el propósito, de proveer oxigeno adecuado al nuevo diseño de la vida. Con la capacidad suficiente para suplir y mantener la vida para todas las criaturas.

"Luego dijo Dios: Haya expansión en medio de las aguas, y separó las aguas que estaban debajo de la expansión, y de las aguas que estaban sobre la expansión, y fue así. Y llamó Dios a la expansión Cielos" (Génesis 1:6-8).

Planteamiento apologético.

Existe un Dios sabio y Todopoderoso. El cual diseñó y creó la atmosfera para garantizar la permanencia de la vida. Sin este diseño el mundo viviente no existiría.

ANÁLISIS:

¿Por qué el diseño atmosférico es necesario sobre la tierra?

G. EL DISEÑO HÍDRICO.

Dentro de los objetivos vitales Dios diseña el proceso hídrico. El proceso hídrico es un sistema inteligente, el cual permite la evaporación por medio del calor, la condensación en nubes por el frio, y la transformación líquida para la precipitación de la lluvia. Dios creo el proceso hídrico; de tal manera, que el ciclo permitiría la bendita lluvia, la cual tendría el objeto de dar vida, sin lluvia no habría vida en el planeta. La semilla no germinaría, no habría alimento, no habría permanencia, y no habría vida.

La lluvia es un diseño bendito. La lluvia es un diseño complementario del diseño hídrico, los dos diseños

> Todo lo que produce vida es bendito, todo lo que impide la vida y produce muerte es maldito.

producen vida y permiten la permanencia de la vida. Todo lo que produce vida es bendito, todo lo que impide la vida y produce muerte es maldito. Cada diseño Divino, tiene el propósito de mantener y producir vida.

Planteamiento apologético.

Existe un Dios sabio e inteligente, (con objetivos vitales) el cual diseñó el sistema hídrico, con el ciclo científico de la lluvia, para mantener la vida, la germinación, el alimento, el sustento por generaciones y garantizar la permanencia de la vida. Nos presenta con su ejemplo el diseño de provisión. El cual lo repite durante la historia y en los registros de las Sagradas Escrituras.

ANÁLISIS:

¿Por qué el diseño hídrico es necesario en la tierra?

H. EL DISEÑO DISTRIBUTIVO.

En la eternidad el Dios sabio e inteligente, diseño la división de las aguas; como si hubiera hecho un plano y medido las cantidades adecuadas, dividió el planeta en cantidades inteligentes, siete partes de agua y tres de tierra. (Si hubiera sido un ser humano, habría hecho lo contrario, y con el tiempo se hubiera quedado sin agua), la cantidad de agua representa la cantidad de vida perfecta; de la misma forma el hombre en su composición física contiene siete partes de agua y tres de materia sólida.

Mientras exista la humanidad el planeta tendrá agua. Nunca faltará; pues fue creado con el propósito inteligente de mantener y conservar la vida.

> Mientras exista la humanidad el planeta tendrá agua.

"Dijo también Dios: Júntense las aguas que están debajo de los cielos en un lugar y descúbrase lo seco. Y fue así. Y llamó Dios a lo seco tierra, y a la reunión de las aguas llamó Mares. Y vio Dios que era bueno" (era una expresión de bondad) *(Génesis 1:9,10).*

Planteamiento apologético.

Todo el universo está perfectamente diseñado, con las medidas perfectas, y las áreas suficientes de acuerdo a la capacidad del proyecto tierra. Por tanto, existe un Dios inteligente el cual diseñó el proyecto tierra con las condiciones y capacidad de abastecimiento para garantizar la permanencia, protección y alimentación de la vida.

Este proyecto cumple con las condiciones científicas de la administración de proyectos. Todo proyecto para su funcionamiento y permanencia debe auto abastecerse y auto sostenerse.

ANÁLISIS:

Explique por qué el diseño distributivo es vital.

I. EL DISEÑO VEGETAL.

El planeta tierra está compuesto por millones de diseños sabios, inteligentes, científicos y complementarios. No son millones de casualidades, (pues esta afirmación carece de sentido lógico), como afirman los ponentes en su terquedad. El universo es un diseño inteligente, compuesto de millones de diseños inteligentes; los cuales, enriquecen y mantienen la vida, sin faltar ninguno de ellos. Si uno faltara, todo se destruiría.

El universo es un diseño inteligente, compuesto de millones de diseños inteligentes.

Elohim, el Dios creador, en el tercer día, al hacer la división lógica y precisa de las aguas y de la tierra, y conservando un orden lógico en el proceso de la creación de las cosas, antes diseñadas. Manifiesta el diseño vegetal.

"Después dijo Dios: Produzca la tierra hierba verde, hierba que dé semilla; árbol de fruto que dé fruto según su género, que su semilla este en él, sobre la tierra. Y fue así. Produjo, pues, la tierra hierba verde, hierba que da semilla según su naturaleza, y árbol que da fruto, cuya semilla está en él, según su género. Y vio Dios que era bueno" (Génesis 1:11,12).

Por segunda vez se da le expresión de bondad. *"Y vio Dios que era bueno"*. Era bueno porque cumplía con requisitos bendecidores; dar vida. Todo estaba diseñado con el propósito y el orden establecido. Dar vida.

No era una evolución, inerte, sin voluntad ni sabiduría, esperando que surgiera una casualidad, para adaptarse al siguiente siclo. Era más que eso, era un diseño inteligente, con propósitos inteligentes, y desarrollado dentro de un orden sabio, inteligente y lógico. Era la creación lógica de un ambiente adecuado para conservar y garantizar la vida.

> Del Diseño vegetal se desprende el diseño de la semilla, como sistema reproductor de vida permanente.

El diseño vegetal cumple con las condiciones de garantía para la vida en el planeta. El diseño vegetal está conectado a otros diseños complementarios los cuales continúan fundamentando el propósito principal de dar vida. Del Diseño vegetal se desprende el diseño de la semilla, como sistema reproductor de vida permanente; además, se desprende de forma complementaria el diseño del fruto, el cual permite el alimento a través de los siglos y la permanencia de la vida.

Dentro del programa de inducción y orientación de Dios para el hombre, Dios le dice:

"He aquí os he dado toda planta que da semilla, que está sobre toda la tierra, y todo árbol en que hay fruto y que da semilla; os serán para comer" (Génesis 1:29).

Además, dentro de las bondades del diseño vegetal está el diseño de la fotosíntesis.

Planteamiento apologético.

Existe un Dios sabio, inteligente, lógico, y científico. El cual creó el universo dentro de un orden lógico, con millones de diseños los cuales son complementarios. Incluyendo dentro del diseño perfecto, el diseño vegetal con sus diseños complementarios, de semilla, fruto y fotosíntesis; los cuales, se proyectan hacia el objetivo único de dar y preservar la vida.

ANÁLISIS:

¿Qué aportes hace el diseño vegetal a la protección y la permanencia de la vida?

J. EL DISEÑO DE LA SEMILLA.

Uno de los milagros más grandes dentro de este mundo finito, es el milagro de la semilla. La semilla contiene las condiciones más sorprendentes de los elementos vitales sobre la tierra. Sus condiciones contienen múltiples riquezas. La semilla contiene el sistema reproductor y multiplicador infinito de la tierra.

Una pequeña e insignificante semilla la podemos convertir en uno de los mejores diseños del universo. Es solo una semilla; sin embargo, contiene los elementos fundamentales del diseño; ella contiene la vida. Al recibir el contacto con los nutrientes de la tierra, y los componentes hídricos, la semilla retoma su objetivo diseñado y preestablecido, y se convierte en una gran planta, llena de vida. La semilla es vida.

La semilla contiene poder multiplicador. Dentro de su diseño inteligente y genético tiene el poder para convertirse en miles de semillas. Dentro de su proceso multiplicador se puede convertir en millones de plantas; convertirse en un gran bosque, invadir la tierra, y si llegara a otros mundos con estas mismas condiciones; también los invadiría con su poder multiplicador. Esta es una gran riqueza. La humanidad se enriquece con la semilla; hace siembras, negocios, y grandes fortunas.

> La semilla es una de las más grandes riquezas que poseemos dentro nuestro planeta tierra.

La semilla dentro de su diseño inteligente contiene garantía, seguridad y permanencia. El hombre está diseñado como una semilla, con la capacidad creativa de multiplicar y llenar la tierra. ¡Tú eres rico! Solo por existir. Eres el diseño de Dios.

La semilla es una de las más grandes riquezas que poseemos dentro nuestro planeta tierra. El diseño inteligente de la semilla fue creado para garantizar nuestra permanencia. Somos el resultado de una semilla inteligente, nos nutrimos y permanecemos por la semilla que nos provee el alimento para vivir. La semilla humana nos multiplica, la semilla vegetal y animal nos nutre y alimenta. Permanecemos por generaciones como resultado de la sustancia inteligente de la semilla.

La semilla es el agente trasportador de vida, encargado de proteger, guardar, y trasportar la vida de generación en generación.

Planteamiento apologético:

Existe un Dios que es vida, y autor de la vida terrestre, el cual diseño y creó una capsula llamada semilla, para trasportar la vida a través de las generaciones; como uno de los componentes más grandes de las riquezas y es dar vida; con poder alimenticio, multiplicador, de preservación, y purificación por medio del proceso de la fotosíntesis.

ANÁLISIS:

¿Por qué la semilla es una de las más grandes riquezas que poseemos?

K. EL DISEÑO DEL CRECIMIENTO.

Uno de los diseños más asombrosos dentro de los comportamientos terrestres es el diseño de crecer. El diseño crecer permite que lo microscópico se convierta en algo gigante y asombroso; lo pequeño se vuelve grande. Dios mismo, nos proyecta visión con el siguiente fundamento:

"Aunque tu principio haya sido pequeño, tu postrer estado será muy grande" (Job 8:7).

El crecimiento de las cosas se da especialmente en los seres vivos. En el crecimiento biológico, es asombroso que una pequeña semilla se siembre, y con los componentes correctos antes diseñados, la pequeña semilla se convierta en una planta gigante, con frutos gigantes.

Por ejemplo: una semilla de Sandía al ser sembrada se convierte en una enredadera gigante; la cual produce unas Sandias gigantes. Lo bondadoso es que la planta no se devora la tierra, donde ha sido sembrada; por el contrario, ella misma produce hojas, las cuales con el tiempo se convierten en abono; el cual,

El diseño crecer permite que lo microscópico se convierta en algo gigante y asombroso; lo pequeño se vuelve grande.

continúa alimentando el planeta de nutrientes. Siendo este otro diseño complementario el cual trabaja para cumplir el objetivo primario. Dar vida.

El todo compone el diseño perfecto. Cada diseño complementario hace posible este diseño inteligente. El crecimiento no solo se manifiesta en los procesos biológicos; también, se desarrolla en los procesos mentales, dando como resultado procesos de crecimiento práctico.

El crecimiento se desarrolla en la mente del ser humano, por medio de la experiencia, la investigación, bien sea empírica, clasificada o científica. Cualquiera que sea la investigación hace crecer la mentalidad, con ella, las posibilidades, la visión, y la proyección de nuevos procesos; los cuales permiten al hombre hacer grandes cosas, y lograr grandes riquezas.

El diseño crecer, es un sistema milagroso, fundamental; el cual, permite la manifestación de la vida. De lo contrario nos quedaríamos en estado microscópico, sin la oportunidad de desarrollar nuestro estado fetal, y menos la posibilidad de manifestarnos a este bello mundo. Al ver el color de tus ojos, el color de tu piel, tu estatura, tus habilidades, tus triunfos, tus alegrías. Podemos ver que antes solo eras un ser microscópico, pero ahora eres el milagro del crecimiento, con todas sus manifestaciones.

El diseño crecer es un sistema bondadoso; el cual permite, cada día, el crecimiento de las plantas, el crecimiento de sus frutos, el crecimiento de las aves y los demás animales; dando como resultado alimento constante; cumpliendo así, con el propósito fundamental: procrear, mantener y dar vida. La bondad del crecer permitirá que haya alimento por millones y millones de años, sin faltarle nada a la humanidad.

Planteamiento apologético.

Existe un Dios sabio, inteligente, con propósitos preestablecidos, para bien de la vida y la humanidad; El cual ha diseñado y provisto el diseño crecer, para proveer vida, para garantizar la provisión alimenticia por todas las generaciones, y permitir la manifestación de nuestra realización.

ANÁLISIS:

¿Cómo nos enriquece el diseño del crecimiento?

L. EL DISEÑO CLIMATOLÓGICO.

En el cuarto día de la creación se nos da a conocer otros diseños complementarios, el sol, la luna, y las estrellas. Era una provisión de bondad Divina; la cual cumplía, con el objetivo sabio de mantener la permanencia de la vida. De forma sabia cumplía con el propósito de proveer la temperatura adecuada, con el calor adecuado, a la distancia perfecta, el frio adecuado para mantener las estaciones precisas en el proceso climatológico.

De estos diseños complejos surge el diseño climatológico. El diseño climatológico requería de otros diseños simultáneos, complejos y complementarios, como era el calor, el frio, la distancia, el movimiento, el tiempo, el sol, la luna y las estrellas como fuentes externas. Mantener la vida no es algo sencillo, es algo demasiado complejo, tiene demasiados requisitos.

Una temperatura perfecta, requiere de un calor adecuado, y perfecto. El calor excesivo como el calor mínimo, pueden destruir la vida. Es imposible que la vida se adapte al calor. Es necesario crear un calor perfecto para conservar la vida. El diseño del calor era perfecto. Las condiciones del calor del diseño estaban programadas para garantizar la vida.

Una temperatura perfecta requiere de una distancia perfecta. La distancia determina el nivel de la temperatura. La distancia de la tierra con el sol permite el clima perfecto en el planeta.

> Mantener la vida no es algo sencillo, es algo demasiado complejo, tiene demasiados requisitos.

Una temperatura perfecta requiere de movimiento. No es una casualidad que la tierra y el cosmos mantengan movimiento constante. Es una necesidad, la cual cumple con el objetivo de mantener la vida en el planeta. En veinticuatro horas la tierra hace un giro completo, el cual permite el mantenimiento de la temperatura, si la tierra no girara se quemaría la parte que quedara frente al sol; además se congelaría la parte que carecería de la luz solar. Perdería el objetivo central del planeta, dar vida. Aun la inclinación de la tierra permite las estaciones del planeta. Las estaciones impiden que el planeta se llene de plagas, y que los ciclos de las plantas se mantengan estables.

Una temperatura perfecta requiere de un tiempo perfecto. Como ya vimos anteriormente, la tierra tiene un movimiento perfecto, dentro de un tiempo perfecto. Es un tiempo uniforme, sin variación, debe ser constante como la vida misma. No hay variantes, es un diseño programado para mantener y proteger la vida. Las variables del movimiento y del tiempo podrían poner en riesgo la vida; y así, la muerte del planeta.

"Dijo luego Dios: Haya lumbreras en la expansión de los cielos para separar el día de la noche; y sirvan de señales para las estaciones, y para días y años, y sean por lumbreras en la expansión de los cielos para alumbrar sobre la tierra. Y fue así. E hizo Dios las dos grandes lumbreras; la lumbrera mayor para que señorease en el día, y la lumbrera menor para que señorease en la noche; e hizo también las estrellas. Y las puso Dios en la expansión de los cielos, para alumbrar sobre la tierra, para señorear en el día y en la noche, para separar la luz de las tinieblas. Y vio Dios que era bueno" (Génesis 1:14-18).

Era la tercera expresión de bondad, la cual demuestra que este diseño de la temperatura tenía como propósito conservar y bendecir la vida.

Planteamiento apologético.

Existe un diseño perfecto llamado temperatura, la cual depende de otros diseños alternos y complementarios. Existe una temperatura perfecta para mantener la vida.

La vida no se adaptó a la temperatura, sino que la temperatura fue hecha perfecta para proteger la vida. Existe un Dios sabio el cual creó la temperatura para proteger la vida.

ANÁLISIS:

¿Qué condiciones se deben dar para mantener la temperatura en el planeta y conservar la vida, según el diseño climatológico?

M. EL DISEÑO DE LA FOTOSÍNTESIS.

El diseño de la fotosíntesis demuestra un alto grado de sabiduría y propósito en su composición y creación. Podemos imaginarnos al creador pensando en todas las condiciones y la protección del planeta, la protección de la vida y su permanencia. La atmosfera estaba llena de oxigeno; pero ahora se debería crear la planta de producción y purificación de oxígeno. Parte del aliento de la vida de la humanidad y los seres vivos sería el oxígeno. Sin esta planta de procesamiento, no se podría hacer a la humanidad; pues, en poco tiempo se consumiría el oxígeno existente y el proyecto vida fracasaría.

En medio de tan grande necesidad surge el proyecto de la fotosíntesis. Todo era un diseño preparado por etapas, en orden lógico, no podía faltar ni un detalle que pusiera en riesgo el proyecto vida. Todo estaba preparado solo faltaba el sistema del procesamiento del oxígeno; y entonces, se le da esta virtud a las plantas. Las plantas absorberían la energía de la luz solar por medio de sus cloroplastos, la almacenarían como trifosfato de adenosina (ATP) juntamente con el dióxido de carbono, para formar glucosa. De esta reacción surge el oxígeno, el cual se libera a través de sus estomas, pequeños agujeros en las hojas de las plantas.

De esta forma las plantas tomarían el gas carbónico del planeta y lo transformarían en oxígeno. Tomarían el gas carbónico exhalado por los seres vivos y lo transformarían nuevamente en oxígeno.

> El diseño de la fotosíntesis demuestra un alto grado de sabiduría y propósito en su composición y creación.

Actualmente se lleva a cabo un programa científico, el cual investiga cuantas plantas requiere un ser humano para respirar en un ambiente correcto, con el oxígeno necesario. Se colocó a un hombre en un invernadero carente de oxígeno y se le colocaron plantas a su alrededor y se logró calcular que un ser humano requiere de trescientas plantas medianas para crear un hábitat con el oxígeno correcto.

Planteamiento apologético.

Según este orden lógico, la vida no se adaptó al planeta, sino que se diseñó y se adaptó un planeta para conservar la vida. La vida no fue hecha para el planeta sino el planeta para la vida. El diseño de la fotosíntesis, es un diseño complementario a la atmosfera, conectado con la vida vegetal y la luz solar, para proteger la vida animal y la vida humana. Existe un Dios sabio, el cual diseño la conexión inteligente entre la luz, el dióxido de carbono, la vida vegetal, y la reacción química para producir y procesar el oxígeno necesario y conservar la vida en el planeta.

ANÁLISIS:

¿Por qué el diseño de la fotosíntesis es tan importantes en el planeta tierra?

N. DISEÑOS COMPLEMENTARIOS Y DISEÑOS DEPENDIENTES.

Veamos el diseño perfecto, compuesto de diseños complementarios y dependientes; compuesto de macro diseños y micro diseños, y preparado para entregarlo en las manos de su majestad, el hombre.

Dios dentro de un proceso lógico establece cada una de las partes, armando cada diseño en su lugar y estableciendo leyes como la gravedad, la traslación de la tierra alrededor del sol, y estableciendo de esta manera la marcación de los tiempos, como una sinfonía constante sin el mínimo de variación. La Divinidad en unidad de propósito establece cada parte del diseño perfecto, para proteger y garantizar la vida de generación en generación.

Se podía ver el mundo lleno de esplendor. Todo estaba hacho, con propósito. Un solo propósito: dar vida. Pero solo se percibía la vida vegetal.

Todo fue diseñado y creado con una sabiduría inigualable. Nada es casualidad. Todos los millones de diseños eran complementarios, sin faltar ninguno; esta maravilla hacia el diseño perfecto.

Los diseños complementarios y los diseños dependientes hacían el diseño perfecto. Sin la atmosfera no habría el ambiente adecuado; sin el oxígeno y el proceso de fotosíntesis no habría vida; sin el volumen adecuado de agua el mundo sería incierto; sin el sistema hídrico no habría lluvia; sin lluvia no tendríamos vida, no habría plantas germinando; y sin la germinación de las semillas no habría pan, no habría abastecimiento en la tierra; sin rotación, inclinación y traslación de la tierra no tendríamos estaciones ni climas adecuados; sin estos movimientos la tierra se quemaría por una parte y la otra se congelaría más que nuestros polos. Todos los diseños eran complementarios, no podía faltar ninguno de ellos; de lo contrario el proyecto vida en la tierra fracasaría.

ANÁLISIS:

Explique qué componentes hacen el diseño perfecto.

Ñ. EL DISEÑO DE LA EXPRESIÓN CREADORA.

Algo asombroso sucede en la dimensión de la eternidad, allí todo es creado en un instante, por la palabra (RHEMA) creadora de Elohim. En el quinto día, en una expresión de bondad (dar vida), la voz del Dios creador (ELOHIM) se hizo presente. La voz del quinto día contenía el diseño de la bendición. La bendición de producir vida, la bendición de fructificar, la bendición de multiplicar, la bendición de llenar.

> Algo asombroso sucede en la dimensión de la eternidad, allí todo es creado en un instante, por la palabra (RHEMA) creadora de Elohim.

El hábitat estaba preparado. Dios da bendición a las aguas para producir seres vivientes. Diseños microscópicos, como diseños gigantes. En estos diseños está presente la bendición en las aguas y la creación directa de Dios en los seres vivientes acuáticos; tanto microscópicos como los grandes monstruos marinos. Elohim es el directo Creador de todo ser vivo. Y no le podemos minimizar este honor; pues, solo Él es el Autor de la vida. Los millones de diseños acuáticos viven, todo por la inteligencia, sabiduría, y poder del Dios Creador.

Dentro de la bendición del quinto día surge la vida avícola, miles de diseños de aves de diversos colores, sonidos que alaban al Creador se dejan oír, mientras surcan los cielos.

"Dijo Dios: Produzcan las aguas seres vivientes, y aves sobre la tierra que vuelen en la expansión de los cielos. Y creó Dios los grandes monstruos marinos, y todo ser viviente que se mueve, que las aguas produjeron según su género, y toda ave alada según su especie. Y vio Dios que era bueno. Y Dios los bendijo, diciendo: Fructificad y multiplicaos y llenad las aguas en los mares, y multiplíquense las aves en la tierra. Y fue la tarde y la mañana del día quinto" (Génesis 1:20-23).

Con esta bendición llena de bondad por el Dios del cielo, los mares están llenos de abastecimiento y comida, los árboles y los cielos se han enriquecido de cantos y colores por medio de los múltiples diseños de aves; pero además, se enriquece el planeta con otra fuente de abastecimiento y sustento. Se podría decir que está terminado y listo para ser entregado al hombre; sin embargo, Elohim todavía tiene más diseños que darnos a conocer y enriquecernos.

"Luego dijo Dios: Produzca la tierra seres vivientes según su género, bestias y serpientes y animales de la tierra según su especie. Y fue así. E hizo Dios animales de la tierra según se generó, ganado según su género, y todo animal que se arrastra sobre la tierra según su especie. Y vio Dios (ELOHIM) que era bueno" (Génesis 1:24,25).

Los múltiples diseños componían toda la taxonomía de los animales, estaban clasificados, y cada especie cumpliría su propósito de acuerdo al diseño preestablecido, en su genética.

Todo estaba lleno de bondad y bendición. Cumplía con el diseño y propósito: Dar y preservar la vida. Ahora la tierra contenía más fuentes de bendición y abastecimiento, el diseño perfecto estaba completo.

ANÁLISIS:

¿Qué componentes forman el diseño perfecto?

O. EL DISEÑO DEL DISEÑO, LA IMAGEN DE LA IMAGEN, LA SEMEJANZA DE LA SEMEJANZA.

En todas sus manifestaciones, expresiones y atributos Dios nos ha revelado parte de su carácter y cualidades; las cuales, nos permiten crear un diseño de la imagen del Dios Todopoderoso. Aunque todas sus expresiones son superiores a las nuestras, podemos interpretar que somos la imagen de estas revelaciones. Sus atributos muestran parte de su carácter, los cuales dibujan que somos la semejanza de Dios mismo en esas manifestaciones.

En sus revelaciones tenemos un diseño del Dios Creador, Señor, Bendecidor, Multiplicador, Omnipotente, Omnipresente, Omnisciente, Eterno, Sabio, Santo, Amoroso, Inmutable, Infinito, Soberano y Verdadero, Justo, con libre albedrio. Todas estas expresiones nos producen un diseño mental del Dios del universo. Es un diseño dibujado y revelado para nuestra superación, dignificación, propósito y meta de nuestra existencia. Existimos para llegar a ser como Él. Llegar a ser conforme a la imagen de su Hijo.

Desde antes de la fundación del mundo, ya existía el diseño, preestablecido, era nuestro predestino.

"Porque a los que antes conoció, también los predestinó para que fuesen hechos conforme a la imagen de su Hijo, para que él sea el primogénito entre muchos hermanos" (Romanos 8:29).

Este diseño contenía su santidad, y la esencia de su amor (Ágape) en nosotros, como requisito para recibir su adopción, como hijos del Altísimo.

> Desde antes de la fundación del mundo, ya existía el diseño, preestablecido, era nuestro predestino.

"Bendito sea el Dios y Padre de nuestro Señor Jesucristo, que nos bendijo con toda bendición espiritual en los lugares celestiales en Cristo, según nos escogió en él antes de la fundación del mundo, para que fuésemos santos y sin mancha delante de él, en amor habiéndonos predestinado para ser adoptados hijos suyos por medio de Jesucristo, según el puro afecto de su voluntad..." (Efesios 1:3-5).

El día de la creación se hace presente el diseño preestablecido en la eternidad. El Dios Creador (ELOHIM) nos revela que somos imagen de su imagen en su diseño creador:

"Entonces dijo Dios (ELOHIM): Hagamos al hombre a nuestra imagen".

Esta expresión demuestra la proyección de un plan y un diseño. En un proceso lógico, se aplica: plan, diseño y acción. Y tal como es el diseño así, se aplica la acción. De igual manera, como Dios plantea el diseño, así lo ejecuta.

Y creó Dios al hombre a su imagen, a imagen de Dios los creó; varón y hembra los creó" (Génesis 1:27).

Otro de los aspectos del diseño humano es la semejanza, la sombra de Dios en el hombre. En esta descripción se revela que somos la semejanza de su semejanza. El diseño que se asemeja al Creador, con conductas semejantes, con aspectos semejantes en su carácter espiritual, con visión semejante, y misión semejante en multiplicación, expansión, señorío, autoridad, creatividad, elección. Con rasgos de bondad, justicia, fidelidad, santidad, sabiduría, inteligencia, y con la capacidad de elegir lo mejor y lo más excelente.

Las exigencias de Dios por medio de las Sagradas Escrituras, demuestran que él Dios Ético Santo, tiene un diseño establecido para nosotros basado en el diseño divino, que Él nos ha revelado.

Cuando Dios elige a los Israelitas como su pueblo les traza el camino por medio del diseño de la santidad. *"... Santos seréis, porque santo soy yo Jehová vuestro Dios"* (Levítico 19:2). De la misma manera, cuando Dios elige a un nuevo pueblo, la iglesia, (Del griego Ekklesia, la nueva congragación), para la misión de adorar y alcanzar la meta del diseño máximo: ser conforme a la imagen de su Hijo, les establece el mismo requisito.

"Así como aquel que os llamó es santo, sed también vosotros santos en toda vuestra manera de vivir, porque escrito está: Sed santos porque yo soy santo" (1 Pedro 1:15,16).

Somos el diseño del Dios Todopoderoso basado en la revelación de Su Diseño Santo. Somos la imagen del Dios Todopoderoso tomada de Su Divinidad. Somos la semejanza del Dios Omnipotente Creador de los Cielos y la Tierra ofrecida directamente por Él, y registrada en nosotros para ejecutar cosas semejantes a Él. Somos la máxima creación terrenal del Dios Eterno.

> Somos el diseño de su diseño, la imagen de su imagen, y la semejanza de su semejanza.

Planteamiento apologético.

El hombre contiene intrínsecamente la imagen sublime de Dios. Su genética divina lo conduce a ser un ser digno, conquistador de la excelencia, de la creatividad y la altura, siempre con la visión excelente de progreso y de grandes cosas. Y todo esto proviene del Dios Vivo que nos ha prestado rasgos de su Divinidad.

ANÁLISIS:

Describa las cualidades que reflejan la imagen y la semejanza de Dios en el diseño del hombre.

P. EL DISEÑO HOMBRE.

El diseño hombre es único y exclusivo. No existe otro diseño como él. Totalmente diferente al diseño mujer; también el diseño femenino es único. (El cual trataré de forma individual y exclusiva) Como ya he planteado anteriormente: Somos la máxima creación del Dios eterno. El diseño de su diseño. La imagen de su imagen. La semejanza de su semejanza.

Dentro de los múltiples, diseños Dios establece el diseño antropológico. Era alguien muy majestuoso, y diferente. No se parecía a ninguna de las creaturas existentes. El hombre tenía sentidos desarrollados, era en todo superior a cualquier criatura. Era semejante a Elohim; podía hablar, razonar; tenía mentalidad para crear, era capaz de gobernar y administrar la tierra; tenía mentalidad proyectiva, podía amar y tomar sus propias decisiones.

La contextura física estaba planeada en el diseño. Múltiples diseños hacían el diseño completo y perfecto del hombre. La ubicación de sus ojos tenía la altura correcta, podía ver por encima de todo; cada parte del hombre era un diseño perfecto: su diseño visual, el cual podía captar la policromía de los colores del universo, su olfato, su gusto, su audición, su percepción por medio del tacto. (Mientras escribo puedo imaginar los millones de planos que se requieren para diseñar y armar a un ser humano con todos sus diseños y sistemas complejos para su perfecto funcionamiento), su estructura ósea, inteligente en cada una de sus dimensiones, para logra un movimiento correcto, con la fuerza correcta, y alcanzar una acción correcta.

Los descubrimientos científicos actuales nos abren mucho más los ojos para analizar y admirar la maravilla del diseño del hombre. Su complejo sistema respiratorio, compuesto de órganos complejos los cuales alimentan la vida del hombre por medio de la oxigenación. La nariz, las fosas nasales, aun sus pequeños bellos impiden el polvo o agentes contaminantes en la respiración: además, los pulmones con sus bronquios y diminutos bronquiolos, los cuales asimilan el oxígeno lo transmiten a la sangre, y esta a su vez oxigenada alimenta el corazón y la vida. Este sistema alimenta con oxígeno al organismo; pero a su vez, al cumplir con su objetivo oxigenante, también, toma el gas carbónico y lo exhala desintoxicando así al organismo. Realmente es un diseño inteligente, creado por un Dios inteligente.

¿Qué diremos del sistema circulatorio? Compuesto de venas y arterias las cuales conducen la nutriente sangre por todo el organismo, llenando el corazón, y él a su vez con sus movimientos involuntarios, de sístole y diástole impulsa la sangre por todo el organismo, para producir vida. Realmente, es admirable. Otro milagro del Dios Omnipotente.

Múltiples diseños hacían el diseño completo y perfecto del hombre.

Dentro de los sistemas asombrosos se encuentra el sistema nervioso. Es un sistema energético, generado por oxígeno, luz solar, alimentos, agua. Todos estos componentes se convierten en energía la cual permite, nuestro movimiento, percepción, inteligencia, análisis, reacción, creatividad y acción productiva. El sistema nervioso se distribuye por todo el organismo, llega hasta el interior de cada microscópica célula, por medio de dendritas y neurotransmisores, activados por todo un sistema complejo de neuronas y glándulas. Dios conectó todo con el universo, somos dependientes del diseño perfecto, creado sabiamente por el Dios del universo.

También, forrando la estructura ósea, aparece el sistema muscular. Son músculos como cuerdas finas y fuertes; Los cuales, también se conectan con la gran red de dendritas y neurotransmisores que componen el sistema nervioso. Produciendo así, la fuerza necesaria, la motricidad fuerte como la motricidad fina. Dios es el autor científico de la dinámica y la acción.

Otro aspecto del diseño complejo del hombre es el sistema digestivo. Desde las mismas papilas gustativas, su sistema para masticar y triturar el alimento, los dientes y muelas, sus glándulas salivales, los ácidos gástricos, el estómago, los intestinos y el sistema nutricional de asimilación hacen un sistema complejo, el cual permite llevar la nutrición y la energía al sistema nervioso, y a todo el organismo. Todo es un sistema supremamente sabio, diseñado y creado por un Dios supremamente sabio.

Todos los sistemas se entrelazan entre sí, unos a otros sin faltar nada; su único objetivo genético es producir y mantener la vida.

Teniendo como base algunos pasajes bíblicos paralelos, y utilizando el rico idioma griego descubrimos que el hombre es tripartito. En su composición contiene cuerpo, alma y espíritu.

En una bendición Paulina, el apóstol Pablo, afirma:

"Y el mismo Dios de paz os santifique por completo; todo vuestro ser espíritu, alma y cuerpo, sea guardado irreprensible para la venida de nuestro Señor Jesucristo" (1 Tesalonicenses 4:23).

Este es uno de los fundamentos, de la doctrina tripartita en el hombre. En el idioma hebreo se aplica la dualidad en el hombre, espíritu y cuerpo. Según algunos analistas. Todo esto se ocasionaba por la limitación del idioma hebreo; el cual, dentro de sus códigos carecía de algunos significados.

Debemos comprender que dentro del diseño perfecto del hombre, su objetivo es producir y garantizar la permanencia de la vida. Esta es la razón principal por la cual se crea un hombre a la imagen de Dios, con su género definido, con masculinidad; pues él tiene un propósito en su existir, y es reproducir y garantizar la permanencia de la vida.

El sistema reproductor del hombre es un sistema complementario y a la vez dependiente del diseño reproductor de la mujer. El hombre tiene una parte de la reproducción humana. Como es su composición física y sus espermatozoides. La mujer contiene su sistema totalmente diferente, su composición física es totalmente distinta al del hombre. Ella contiene óvulos, trompas de Falopio las cuales producen los óvulos, contiene matriz, y un sistema complejo para alimentar, oxigenar a sus hijos en el estado fetal; además, su sistema permite amamantar, como parte del proceso nutricional del recién nacido; y asi, sustentar y proteger la permanencia de la vida.

> El hombre es un ser complementario y dependiente de la mujer, como también la mujer es un diseño diferente pero complementario y dependiente del hombre.

El hombre es un ser complementario y dependiente de la mujer, como también la mujer es un diseño diferente pero complementario y dependiente del hombre. Sin el hombre no existiría la vida humana y sin la mujer no existiría la reproducción del ser humano.

Planteamiento apologético.

Independientemente de las percepciones que pueda tener un ser humano sobre sexualidad, se comprende que el objetivo primario de la sexualidad y de la identidad del hombre masculino y la mujer femenina, es producir vida, y conservar la vida sobre el planeta. El incumplimiento a este objetivo da como resultado, la pérdida del horizonte humano y el riesgo a desaparecer.

Planteamiento apologético.

Existe un sistema reproductor en el hombre totalmente diferente al de la mujer, su diseño es totalmente diferente el uno del otro, los dos diseños son completamente dependientes el uno del otro, y se complementan para cumplir con el objetivo del universo: Dar vida y conservar la vida. Por ser diferentes, dependientes, y complementarios. Cae la teoría de que el hombre es el resultado de casualidades evolucionistas. Y no hay la mínima duda de que hay un Dios sabio, inteligente, Creador de los diseños inteligentes tanto del hombre como de la mujer.

ANÁLISIS:

Describa algunas diferencias entre el diseño del hombre y el diseño de la mujer.

Describa que es un diseño complementario y cómo se aplica en el hombre y la mujer.

CAPÍTULO III

EL DISEÑO DE LA ESCRITURA SAGRADA

"El cielo y la tierra pasarán, pero mis palabras no pasarán" (Mateo 24:35).

Las Sagradas Escrituras contienen las revelaciones, manifestaciones, perfecciones y atributos de Dios. La Biblia nos muestra un diseño del Dios del cielo. Como se dijo anteriormente, Dios no tiene diseño inicial, sino la manifestación en las Sagradas Escrituras, que nos revela un diseño a estudiar, interpretar, y percibir; para imitar y vivir; y alcanzar el éxito. Las Sagradas Escrituras en sí misma son un diseño Divino.

A. EL PENSAMIENTO DE DIOS.

La Biblia contiene sesenta y seis libros inspirados por Dios. Treinta y nueve en el Antiguo Testamento, y veintisiete libros en el Nuevo Testamento. Lo bello e inspirador de las Sagradas Escrituras, Es que es el pensamiento de Dios lleno de amor para con la humanidad. Es la expresión de Dios que nos conduce a la fe verdadera. Es la palabra inspirada por Dios. Es la regla infalible de la conducta y del éxito. Es ágape, la expresión de amor y bondad de nuestro Creador.

Dios necesitó cuarenta escritores o secretarios, para plasmar sus pensamientos y sus revelaciones, usando papiros y pergaminos, para que nosotros tuviéramos la oportunidad de conocerlo y conectarnos con El.

Sus secretarios vivieron en diferentes épocas, la mayoría no se conocieron; sin embargo, no se contradicen, porque no era el pensamiento de ellos sino el pensamiento de Dios. Para que la humanidad no tuviera dudas que las Sagradas Escrituras eran un diseño Divino, Dios espero más de mil quinientos años aproximadamente, para recopilar su Canon completo. Su gran propósito era mostrarnos su Diseño, y enriquecernos con la revelación de su presencia, sus preceptos, y la imagen de su Hijo.

Sus secretarios eran de diferente cultura, unos formados en Egipto, otros en Palestina, otros en Babilonia, otros en Asia menor, otros en Roma, otros en Grecia; sin embargo, el pensamiento del Dios Altísimo permaneció intacto, inspirado y bendecidor, sin contradicciones.

El Dios Todopoderoso utilizó diferentes idiomas, como el Hebreo, lengua de los escogidos Judíos, para bendecir a las familias de la tierra. Fue necesario utilizar el idioma Arameo, lengua utilizada por los transportados a Babilonia, para registrar las profecías de la historia del mundo.

El idioma Griego, fue un idioma de gran importancia en la traducción de la Versión de los Setenta, o Septuaginta. La traducción del Antiguo Testamento Hebreo al idioma Griego.

El griego es el idioma del Nuevo Testamento. Griego Koiné (Común) lengua que se utilizó en el tiempo de Jesús para predicarle al mundo. Era la lengua universal y común de la época. Los diferentes idiomas no alteraron, el contenido, ni el pensamiento de las Sagradas Escrituras; pues, no era el pensamiento o diseño de un hombre, sino el diseño de Dios.

El efecto de las Sagradas Escrituras sobre la humanidad ha sido maravilloso. Toda persona que ha tenido el privilegio de recibir la revelación e inspiración con las Sagradas Escrituras; su vida no ha vuelto a ser la misma. Su cambio ha sido real. La Biblia tiene el poder de liberar, sanar, renovar, y santificar el ser integral del hombre. Muchos han sido los testimonios a nivel mundial, que demuestran el efecto vivo de la Palabra de Dios y su inspiración Divina.

La Biblia es el diseño de Dios, enviado al hombre, para que logre ascender en su revelación y conocimiento y alcanzar el éxito, planeado por Dios, y registrado en Las Sagradas Escrituras.

Planteamiento apologético.

Las Sagradas Escrituras contienen las palabras inspiradas por Dios. Demostrado en el sistema de su escritura, Dios utilizó cuarenta secretarios de diferentes lugares, de diferentes épocas, de diferentes culturas, y con diferentes idiomas; sin embargo, no se contradicen; pues, no era el pensamiento de los escritores; sino el pensamiento de Dios, operado en la mente de los escritores con la inspiración del Espiritu de Santo.

ANÁLISIS:

La Biblia no es un libro cualquiera. Demuestre que es la palabra inspirada por Dios.

B. EL DISEÑO FUNDAMENTAL.

La Biblia está dividida en Antiguo Testamento, y Nuevo Testamento. El Antiguo Testamento es el diseño fundamental, en su marco legal. Contiene las leyes que permitirían la redención de la humanidad por medio del sacrificio expiatorio y salvífico de nuestro Señor Jesucristo.

También, el Antiguo Testamento en su diseño fundamental, revela la futura manifestación de nuestro Señor Jesucristo, de manera profética. Cuando Jesús el Hijo de Dios apareció en el escenario humano cumplió cada paso dibujado y registrado en la profecía del Antiguo Testamento. Más de setecientas cincuenta profecías registraban el origen divino del Mesías, su concepción, su nacimiento, su ministerio, su sacrificio, su muerte, su resurrección y su ascensión. El Dios Todopoderoso sustenta en la Biblia la aparición de su hijo, para que la humanidad no tenga dudas, y lo pueda identificar.

Cada acontecimiento del Nuevo Testamento es el cumplimiento del Antiguo Testamento. Todo lo que nuestro Señor Jesucristo experimentó, vivió e hizo, estaba registrado en el Antiguo Testamento.

Jesús les dijo a los judíos:

"Escudriñad las Escrituras; porque a vosotros os parece que en ellas tenéis la vida eterna; y ellas son las que dan testimonio de mi". (Juan 5:39)

Cuando Jesús resucitó, afirmó la fe de sus discípulos por medio de las Escrituras del Antiguo Testamento.

"Jesús les dijo: Estas son las palabras que os hablé, estando aun con vosotros: que era necesario que se cumpliese todo lo que está escrito de mí en la ley de Moisés, en los profetas y en los salmos.

Entonces les abrió el entendimiento, para que comprendiesen las Escrituras.

Y les dijo: Así está escrito, y así fue necesario que el Cristo padeciese, y resucitase de los muertos al tercer día, y que se predicase en su nombre el arrepentimiento, y el perdón de pecados en todas las naciones, comenzando desde Jerusalén.

> Las Sagradas Escrituras son la profecía de nuestro Señor Jesucristo, su manifestación y su futuro terrenal con la humanidad, y eterno con sus hijos redimidos.

Y vosotros sois testigos de estas cosas". (Lucas 24:44-48)

Jesús orientó a dos discípulos en el camino a Emaús basándose en las Escrituras:

"Y comenzando desde Moisés, y siguiendo por todos los profetas, les declaraba en todas las Escrituras lo que de él decían". (Lucas 24:27)

Las Sagradas Escrituras son la profecía de nuestro Señor Jesucristo, su manifestación y su futuro terrenal con la humanidad, y eterno con sus hijos redimidos.

ANÁLISIS:

Explique por qué la Biblia es el fundamento de la vida de nuestro Señor Jesucristo.

C: El DISEÑO DEL AMOR.

Las Sagradas Escrituras son el sistema de comunicación entre Dios y nosotros los seres humanos. Él nos comunica su amor, por medio de sus acciones de bondad, nos muestra sus propósitos de autorrealización, restauración, y dignificación: y nos revela cómo recuperar su paternidad, su herencia, su autoridad y su eternidad. La Biblia es el diseño del amor de Dios para nosotros.

La acción de amor más grande de Dios, fue la manifestación de su hijo. Dios envió a su hijo, lleno de bondad y gloria, para enriquecernos.

"Porque de tal manera amó Dios al mundo, que ha dado a su hijo Unigénito, para que todo aquel que en él cree, no se pierda, mas tenga vida eterna". (Juan 3:16)

Otra manifestación del amor de Dios fue su acción de bondad. Sin ser merecedores, Dios nos rescató y salvó de la ira, por medio del sacrificio de su Hijo. Dentro este diseño de amor, estaba programada, nuestra reconciliación con Dios, por medio de la muerte de su hijo.

> La acción de amor más grande de Dios, fue la manifestación de su hijo.

El diseño de su amor nos alcanzó a todos.

"Porque Cristo, cuando aún éramos débiles, a su tiempo murió por los impíos". (Romanos 5:6)

El diseño de su amor nos salvó sin merecerlo.

"Mas Dios muestra su amor para con nosotros, en que siendo aún pecadores, Cristo murió por nosotros". (Romanos 5:8)

El diseño de su amor nos reconcilió.

"Pues mucho más, estando ya justificados en su sangre, por él seremos salvos de la ira. Porque si siendo enemigos fuimos reconciliados por medio de la muerte de su

hijo, mucho más, estando reconciliados, seremos salvos por su vida". (Romanos 5:9,10)

Todo el diseño del amor de Dios registrado en la Biblia, nos lleva a disfrutar su amor paternal.

Su herencia como hijos, su autoridad de hijos, y la garantía de reinar con él por la eternidad.

ANÁLISIS:

Describa las bendiciones registradas en el diseño del amor de Dios.

LIBRO III

EL DISEÑO PERFECTO, LA FUENTE DE LAS RIQUEZAS.

LA BASE DE LA AUTOSUPERACIÓN Y EL ÉXITO

CAPÍTULO IV

EL DISEÑO DEL HIJO
EL DISEÑO PERFECTO

"Porque a los que antes conoció, también los predestino, para que fuesen hechos conforme a la imagen de su Hijo, para que él sea el primogénito entre muchos hermanos" (Romanos 8:29).

Todo el tiempo el hombre ha buscado un ejemplo, un paradigma que le sirva de modelo a seguir.

Podría poner muchos ejemplos y ampliarlos, pero se aumentaría demasiado el contenido de este tema. Buscamos modelos de líderes, de presidentes, de hombres de negocios; siempre en la mente se está buscando un modelo a seguir.

Estuve analizando diferentes diseños de la vida, para tomarlos como ejemplo del mejor diseño, pero fue realmente un poco difícil. Observé a un líder en filosofía de la vida plena que planteó el control del hombre interior para la realización de la vida; sin embargo, no controló su manera de comer y murió demasiado obeso.

Analice a uno de los líderes de las religiones más grandes del mundo y descubrí que fue pedófilo y su ejemplo prolifera, dicha conducta hasta hoy; su filosofía de venganza llena de violencia al mundo de hoy. Su poligamia fortalece la infidelidad familiar; por tales razones, tal anti diseño me fue imposible tomarlo como ejemplo. Y no recomiendo a ningún tipo de cultura, de religión o de filosofía con estas conductas.

El diseño perfecto debe estar impregnado de bondad, de justicia, de protección para los niños, los ancianos, mujeres y hombres en general; El respeto a las ideas, a la nacionalidad, a la raza humana, y a la religión.

Ningún ser humano tiene derecho a agredir a otro, porque lo vea diferente o porque hable diferente, o piense diferente. Esto es lo bello del universo, todos percibimos el mundo y nuestro entorno con base en lo que conocemos y experimentamos.

Toda persona es experta en su entorno, y sabe vivir en su mundo. Si nuestro deseo es amarle, ayudarle en embellecer su diseño, proveerle la plataforma en su realización, y elevarle su calidad de vida. Entonces estamos hablando del mejor diseño del mundo.

> Esto es lo bello del universo, todos percibimos el mundo y nuestro entorno con base en lo que conocemos y experimentamos.

En mi búsqueda por el mejor diseño encontré buenos presidentes, buenos líderes, buenos ejemplos; pero nadie como Él. Él es diferente, siempre fue generoso, lleno de bondad; cuando la religión rechazo al leproso, él lo tocó con su mano y lo sanó. Él tuvo compasión de los hambrientos, les dio pan, y hasta hoy lo hace.

Mientras la humanidad acusaba, él perdonaba; cuando la filosofía planteaba que el dolor y las desgracias era el resultado de los errores, él perdonaba y restauraba. Cuando las tradiciones lapidaban a los que cometían errores, él planteaba que ningún hombre por su propia mano está facultado para aplicar su propia justicia. *"Y que el que estuviera libre de culpa arrojara la primera piedra"*. Él perdonaba y daba un nuevo camino con propósito para la vida.

Él era único. Mientras otros odiaban, él amaba; mientras otros buscaban errores en los demás para acusar, el encontraba soluciones y armonía para todos. Mientras todos ignoraban las necesidades de la gente, el sentía gran compasión por la falta de conocimiento, y les enseñaba muchas cosas; mientras otros se rechazaban entre sí, él siempre tenía los brazos abiertos para bendecirlos; mientras la gente renegaba el pan que comía, él levantaba el pan y agradecía al cielo por la provisión.

Mientras la gente se llenaba de temores por su desamparo, él producía confianza, fe y esperanza; mientras la humanidad se hundía en la confusión de sus limitaciones, él prendía la luz del conocimiento y de grandes posibilidades para ellos; mientras todos buscaban su propia solución, él encontraba la solución para todos; él fue el único, él fue el diseño perfecto, emanó desde la misma sabiduría esencial, aquella sabiduría que existía, antes que todos los diseños existentes.

Él había sido diseñado antes que todas las demás cosas, él había sido diseñado en los registros Sagrados y Proféticos de la antigüedad. Él era la manifestación visible del diseño pensante y descrito desde la eternidad. Él es el mismo Hijo de Dios.

> El diseño perfecto es la gran oportunidad para nosotros.

El diseño perfecto es la gran oportunidad para nosotros. Cuando los anti diseños invadieron la mente y la conducta del hombre. La sabiduría esencial en su amor creó con palabras y letras lo que era el diseño eterno, establecido desde antes de todas las cosas. El apareció en la tierra, caminó entre nosotros y nos mostró su diseño perfecto. Él vive, él está entre nosotros, él se está formando dentro de nosotros, para llevarnos al máximo éxito.

Él es la imagen del Dios Todopoderoso, manifestado en la tierra, él es el Hijo de Dios. Él salvo el diseño, él restauro el diseño, él nos dibujó el diseño, y él nos mostró el diseño para que un día seamos como él. Su nombre es Jesucristo.

Viene lo mejor para nuestra vida, lo mejor ya está planeado; lo mejor es el diseño. El diseño nos asegura la protección de todos, la permanencia de todos, y la felicidad de todos. Todo está diseñado para protegernos en este presente y en la eternidad.

Reciba este diseño, te hará el ser más valioso, más rico, y más feliz del mundo. Revise el diseño de tu mente, todas las veces que sea necesario; el diseño debe hacerse parte de tu vida; con su fuerza motivante, su fuerza activa, su realización, su bendición, sus pensamientos y su felicidad. El diseño te ama, ame el diseño.

> Viene lo mejor para nuestra vida, lo mejor ya está planeado; lo mejor es el diseño.

Planteamientos apologéticos.

Desde antes de la creación del mundo Dios había diseñado manifestarse, y mostrarnos sus cualidades y sus bellos propósitos, para que llegáramos a ser como Él. Él Registró en treinta y nueve libros del Antiguo Testamento, más de setecientas cincuenta profecías, dibujando con ellas como sería la hermosura de su Hijo; Y así, demostrar con veracidad la autenticidad de Jesucristo como el hijo de Dios. Creando así el Diseño Perfecto.

Jesucristo como el Diseño Perfecto es la garantía del éxito de todo ser humano.

ANÁLISIS:

Describa las cualidades del Diseño Perfecto.

CAPÍTULO V

EL DISEÑO PERSONAL

LA BASE DEL ÉXITO

"Según nos escogió en él antes de la fundación del mundo, para que fuésemos santos y sin mancha delante de él" (Efesios 1:4).

A. SOMOS EL DISEÑO MÁXIMO DE LA CREACION.

Una pequeña, insignificante semilla muchas veces, lanzada desde un camión transportador, o pisoteada por nosotros mismos se convierte en vida, en alimento, y purificación por medio del diseño inteligente de la germinación.

¿Cuánto más puede hacer el diseño máximo que somos nosotros? De todos estos procesos inteligentes surgen las riquezas. Hombres creativos se han enriquecido y han enriquecido a muchos; han sembrado semillas, han procesado y purificado agua, y conseguido alimento para muchos.

> Eres el diseño más extraordinario del universo.

Con gran respeto quisiera hacerle la aplicación a nivel personal. Usted es el diseño máximo como dije anteriormente. El diseño contiene inteligencia, sabiduría, reflexión, creatividad, autoridad, dominio, control, análisis, evaluación, poder de multiplicación, de crecimiento, de llevar, de convertir lo pequeño en grande, de hacer que las cosas aumenten; transformar lo poco en abundancia. Eres el diseño más extraordinario del universo.

ANÁLISIS:

¿Quién eres?

B. EL DISEÑO CREATIVO.

El diseño ha creado muchos sistemas extraordinarios en la era actual; pues, ha enriquecido a muchos, y el mundo será enriquecido, y creará muchos más. Ud. puede ser el siguiente creador; pues, el diseño tiene poder infinito.

> Ud. puede ser el siguiente creador; pues, el diseño tiene poder infinito.

De acuerdo a la amplitud de tu diseño, así será tu potencial para producir riquezas. El diseño te hace ver lo que otros no ven, llegar donde otros no llegan, ni nunca llegarán; solo tu llegarás por el diseño que hay en ti.

Describa como es tu diseño.

C. TU DISEÑO ES ÚNICO.

Cada diseño es individual e irrepetible. Tu diseño es único así como tu diseño físico es único; tus huellas son únicas, también el diseño que se ha formado en tu mente es único, es tu mundo, tu espacio, tu dimensión y radio de acción.

De tu diseño dependerá tu potencial. Tu diseño es visión, luz; además, tu diseño es activo, tu diseño es progresivo, tu diseño es poderoso.

> De tu diseño dependerá tu potencial.

¿Por qué tu diseño es único?

D. EL DISEÑO PERMEABLE.

Así como nuestro cuerpo es invadido por virus o enfermedades, de la misma manera nuestro diseño es permeable y puede ser invadido por virosis (lo vamos a llamar así, virosis) que afecta notablemente el diseño y le impiden su desarrollo.

Veamos algunos virus que pueden afectar la claridad y la activación de nuestro diseño, de manera sana y productiva.

Veamos algunos anti diseños:

1. El virus de la anti-ley.

Es una inclinación altiva que nos conduce a vivir fuera de las normas. Debemos comprender que un diseño correcto se rige por normas naturales y sobrenaturales, así como todo proyecto requiere de un marco legal, de la misma manera el diseño correcto tendrá que moverse dentro de las leyes, físicas, culturales, sociales, históricas, gubernamentales y divinas.

> El que ama las normas ama la vida y su futuro personal y financiero está garantizado.

Tengamos en cuenta que para llevar a cabo grandes cosas, debemos tener grandes bases que garanticen su eficacia. Estas grandes bases están compuestas por leyes, estatutos, normas, reglas, tanto físicas como naturales, sociales y divinas.

Superemos la anti-ley fortaleciendo el espíritu noble, manso y humilde del diseño mental, mirando los beneficios de seguridad y permanencia de nuestras riquezas. Podemos observar que cuando un personaje es rico en sencillez, también es rico en las demás áreas.

He visto multimillonarios no humillar personas, como he visto a pobres humillar a sus seres amados. El que ama las normas ama la vida y su futuro personal y financiero está garantizado.

ANÁLISIS:

Explique el virus anti-ley.

Ahora plantee el diseño legal correcto.

2. El virus de la acidez emocional.

Es un sentimiento interior que activa todas las hormonas y neuronas haciendo que el estómago se sienta amargo, y la vida se torne anclada en el resentimiento. Es como una serpiente interior que envenena todo; tanto el cuerpo como el alma y el espíritu del diseño.

Las personas que tienen altos niveles de acidez emocional tienden a rechazar y sentirse rechazadas.

Existen secretos en el éxito de la vida y en las áreas productivas, uno de ellos es el valor por cada persona que nos rodea, un niño, un joven, un adulto, un anciano; sea mujer o sea hombre. La multitud te entrelaza, la multitud hace que tus recursos se multipliquen. De nada sirve una mina de oro, sino hay quien la compre.

> Las personas que tienen altos niveles de acidez emocional tienden a rechazar y sentirse rechazadas.

Podemos tener las más grandes ideas, crear extraordinarios sistemas, pero sin una comunidad involucrada se hace imposible su realización y sus resultados.

Debemos sanarnos de la acidez emocional. Fortalecer nuestro diseño interior, con respeto, nuevos valores, y aprecio por cada ser humano, que hace posible la multiplicación de la riqueza del universo.

Los seres con un diseño libre de acidez emocional son amables, dulces, amorosos, respetuosos, con un alto carisma; Ellos hacen que los demás vivan seguros, protegidos y realizados. Este tipo de diseño está destinado a ser muy próspero y rico.

Explique el virus de la acidez emocional.

Ahora plantee el diseño emocional correcto.

3. El virus de la alteración hormonal.

Este fenómeno tiene que ver con el diseño equivocado de la sexualidad. Un diseño sexual equivocado hace que los individuos pierdan la objetividad, el propósito real de la vida, y sus metas se nublen por la alteración emocional.

En la alteración hormonal el carácter se ve transformado en debilidad y en manifestación animal. Un diseño sexual equivocado hace que el bestialismo se apodere de los individuos; haciéndoles perder el equilibrio, de allí surgen conductas antinaturales, violaciones, pedofilia, necromancia, actos sexuales con animáles.

> En la alteración hormonal el carácter se ve transformado en debilidad y en manifestación animal.

La alteración hormonal tiene a muchos individuos en cárceles reales y en la cárcel de la deshonra.

La alteración hormonal ha producido un antidiseño, convertido en prostitución, vicios, desvíos antinaturales, crímenes, deshonra, perdida del objetivo primario de dar vida. No aparecen aportes familiares, económicos, científicos, que validen la alteración hormonal; por el contrario, grandes han sido los gastos de los gobiernos en el mundo, para judicializar los crímenes sexuales, por los procedimientos médicos para contener las enfermedades ocasionadas por los desórdenes sexuales. Todo como resultado de la alteración hormonal.

Un diseño sexual correcto nos puede conducir a ser muy exitosos. Un diseño sexual correcto produce estabilidad hormonal y emocional. El diseño sexual correcto conduce a las personas a organizar una familia estable, con una visión hacia lo hijos de seguridad y permanencia. Utilizan su sexualidad con su pareja como un acto recreativo, estabilizado y procreativo. Un diseño sexual correcto hace personas felices, ejemplares en el buen diseño de perpetuidad familiar.

El diseño sexual correcto produce un sistema de vida correcto. El diseño de la familia es fortalecido, la estabilidad y la visión financiera son constantes; en estudios sociales se ha comprobado que las familias estables siempre han prosperado; han comprado casas, terrenos, construido casas, levantado grandes proyectos, negocios, y muchas riquezas; hijos profesionales, visionarios; y han generado grandes descubrimientos e invento científicos; Y grandes aportes para las naciones del mundo.

Tratar de fortalecer nuestro diseño sexual correcto, será una de las más grandes bendiciones y fortalezas, en el mundo de los avances, y los éxitos.

Deberíamos invertir grandes cantidades de riquezas, educativas, financieras y legales para afirmar el diseño sexual correcto. Esto nos crearía un mundo seguro, concentrado, productivo y próspero.

ANÁLISIS:

Explique el virus de la alteración hormonal.

Ahora plantee el diseño sexual correcto

4. El virus de la adicción material.

Lo invisible es eterno lo físico material es temporal. Cuando un ser humano entra en la adicción material penetra en el terreno del deseo insaciable, de poseer cosas materiales, terrenos, casas, edificios, bultos de dólares; y aun así, no se sacia, a esta condición le llamaré la adicción material.

En ningún momento deseo minimizar su deseo de progreso y avance hacia grandes metas, por el contrario deseo impulsarlo a crear un diseño correcto en el manejo de las riquezas. Las riquezas no solamente son materiales o físicas. Generalmente, las riquezas materiales son el resultado de las riquezas espirituales creadas en el diseño sabio mental. Una persona con altos valores espirituales, inteligencia, y estrategias mentales previstas, prospera muchísimo, y alcanzará grandes riquezas.

Las riquezas físicas sin una estrategia sabia tienden a desaparecer fácilmente. Los bienes materiales hoy son y mañana se filtran como el agua entre los dedos, quedando en nada.

> Las riquezas físicas sin una estrategia sabia tienden a desaparecer fácilmente.

La adicción material es una fuerza que controla la mente y nos lleva a perder la razón. Los seres amados que nos rodean se vuelven obstáculo para alcanzar más bienes. He visto parejas decir: "no queremos tener hijos, eso cuesta mucho dinero". Otros han afirmado el principio: "amigo, cuanto tienes, cuanto vales", todo porque la adicción material controla el cerebro. Muchos han llegado al extremo de caer en la ilegalidad con tal de alcanzar propósitos económicos. Al final han terminado en cárceles con cadenas perpetuas, Y hasta muertos.

La adicción material no paga bien, hace que las personas se vuelvan altivas y humillantes convirtiéndose en perdedores, nadie los aprecia, nadie los quiere tener cerca; y si algo quieren de ellos es lo que poseen; demostrando así, que el altivo no vale nada, pierde el aprecio de sus familiares y de sus amigos.

Desarrollemos un diseño económico correcto. Podemos tener grandes empresas, tierras, edificios, muchos empleados, y ser una bendición para todos. Cuando somos creativos y colocamos los bienes materiales para el bien de la comunidad, estamos alcanzando el objetivo verdadero por el cual existen los bienes.

Personalmente deseo de corazón que usted sea rico y pueda dar empleo a mucha gente; que de sus ganancias pueda ser generoso, ayudar a los necesitados, a fundaciones, a su iglesia, y por supuesto a su familia; ella es el tesoro más grande que Dios le ha dado sobre la tierra.

Debemos amar más lo invisible que lo visible, cuando se alcanza esta dimensión puedo afirmar con toda seguridad que usted es realmente rico.

Debemos amar más lo invisible que lo visible, cuando se alcanza esta dimensión puedo afirmar con toda seguridad que usted es realmente rico; rico en amabilidad, rico en agradecimiento por todo lo que le rodea, y te da la bendición de la vida; rico en bondad y generosidad; rico en valores por la gente que te rodea.

Amaras a los niños, y desearás verlos comer, verlos ir a la escuela, y serás feliz al verlos crecer jugando.

Verás con respeto las canas de los abuelos, que te dejaron el ejemplo y grandes lecciones, para el éxito de tu vida.

Amarás a tu pareja, sabrás que ella es el brazo de tu alegría; sin esta parte de ti es imposible ser feliz.

Comerás con alegría y sencillez, sentado sobre el tronco de un árbol y te sentirás la persona más feliz del mundo. Esto es ser rico, ser feliz en todo momento y en toda circunstancia. Ser rico es sentir que nada nos falta.

Serás una bendición donde quiera que vayas. Dios te dará mucho, y darás mucho a muchos.

ANÁLISIS:

Describa el virus de la adicción material

Ahora plantee un diseño correcto frente a las cosas materiales.

E. LA FUERZA SUPERIOR DEL DISEÑO.

El diseño contiene una fuerza superior, la cual puede controlar y vencer toda debilidad, circunstancia, o desafío que se tenga que enfrentar a través de la vida. La fuerza del diseño destruye todo virus, todo complejo, todo temor, toda duda, todo lo defectuoso y todo aquello que impida el desarrollo del mismo diseño. La fuerza superior del diseño contiene un amor superior, una fe superior, una justicia superior, una visión superior, un alcance superior, y un valor superior, y como resultado un éxito superior.

Su fuerza es tan grande que ha llevado a muchos a la victoria, a la realización y al éxito.

Un profeta del Antiguo Testamento escribió:

"Dios da fuerzas al cansado y las multiplica a quien no tiene ninguna. Los muchachos se fatigan y se cansan, los jóvenes flaquean y caen. Pero los que esperan en el Señor tendrán nuevas fuerzas, levantarán alas como las águilas, correrán y no se cansarán, caminarán y no se fatigarán. (Isaías 40:29-31)

La fuerza del diseño te hará victorioso, te impulsará y te levantará a un nivel superior, a un conocimiento superior, a un pensamiento superior, a un carácter superior, a una actitud y acción superior. Y aún, el día que ya no estés aquí, esta fuerza de tu diseño fortalecerá a los que te vieron, y fueron testigos de tus éxitos.

Fortalécete, vence, triunfa, para que tu diseño enriquezca a otros, y los lleve al éxito, como tú.

ANÁLISIS:

Explique cómo opera la fuerza del diseño dentro de nosotros.

F. AMA TU DISEÑO.

El amor se puede definir como una actitud positiva que valora y determina nuestro andar en el bien con Dios, consigo mismo, con la familia y con los demás. Si el diseño determina nuestro potencial, entonces debemos poner mucha atención a nuestro diseño personal. Nuestro diseño debe der amado, protegido, fortalecido y alimentado.

Amar el diseño requiere prestarle mucha atención. Una persona realmente es lo que es su diseño interior. Sus imágenes, capacidades, estructuras, creatividad, todo esto determina tu diseño y lo que tú eres. Los triunfadores alimentan su diseño, lo refuerzan con información y fuerzas disciplinarias. Si amas tu diseño lo alimentaras correctamente. Cuando un diseño se alimenta con literatura sana, y lo embellece con conferencias fortalecedoras,

con voces poderosas y positivas, tu diseño se engrande-
cerá y alcanzará niveles superiores.

Amar tu diseño es verlo crecer, a medida que el diseño crece tu poder crece. Tu dominio de circunstancias es más efectivo y sabio, tu capacidad de producir riquezas es como una mina de metales preciosos.

Amar el diseño requiere protegerlo. Cuida tu diseño de virus, de impurezas equi-vocadas, de falsedades. Tu di-seño debe ser iluminado con inteligencia y sabiduría de alto nivel, con la semejanza y la imagen del Diseño Perfecto. Protege y fortalece tu diseño con diseños perfectos. Existen personas que han alcan-zado un diseño bendecido, al ser imitados embellecen y engrandecen nuestro diseño.

> Amar tu diseño es verlo crecer, a medida que el diseño crece tu poder crece.

Cuando estudiamos ciencias exactas, ellas afirman las disciplinas constates que debemos desarrollar, para vivir dentro de sistemas productores de riquezas; recuerde, las riquezas se alcanzan dentro de sistemas productivos constantes. Protege tu dinero con información correcta, justa y verdadera.

Amar el diseño requiere de fortalecimiento. Fortalece-mos el diseño en la medida que evitamos la contaminación del entorno; el entorno o medio en el cual vivimos y nos movemos es el factor influyente del diseño. En la medi-da que los diseños son débiles, inseguros e imperfectos, se convierten en diseños con fuerzas debilitadoras y desfigurativas de tu diseño.

Amar el diseño requiere de un ambiente sano, libre de agentes peligrosos. Una mujer buscaba dinero en un aeropuerto. Su relato era triste: su esposo e hijo habían muerto asesinados por grupos armados en un país de Latinoamérica. Esta historia nos puede ilustrar los resultados de vivir en medios contaminantes, el diseño mental de los agresores llevó a la muerte a sus habitantes.

Muchos huyeron y salvaron sus vidas de un diseño criminal; Dios nos enseña que debemos salir de medios contaminantes, a un mundo seguro, donde sus participantes fortalezcan tu diseño y amplíen la visión productiva de las riquezas personales y económicas.

Ingrese a grupos que orienten y motiven a la comunidad a vivir en armonía con Dios y la familia; que fomenten empresas, nuevos negocios, a crear nuevas estrategias y sistemas empresariales, con sencillez de corazón. Revise sus diseños y aprenda de ellos, cada diseño tiene fortalezas que todos debemos aprender. Usted mismo tiene fortalezas que me podrían enseñar, fortalecer y enriquecer mi diseño. En el proceso de la formación y amplitud de mi diseño tengo fortalezas que enriquecen a otros diseños; un buen diseño es maestro de su entorno, un buen diseño enriquece al mundo.

El mejor diseño que he conocido dijo: *"aprended de mí que soy manso y humilde de corazón"* (Mateo 11:29). Se lo presento como la base de todo buen diseño. Su nombre es Jesucristo.

Desarrolle un diseño prudente, en un mundo de diseños peligrosos como la estafa, el hurto, el crimen, el asesinato, y todos aquellos desordenes de la era actual. Es necesario fortalecer y fundamentar el diseño de prudencia. Establezca un sistema evaluativo de diseños para discernir e identificar a los enemigos de tu diseño, de tu familia y de tus recursos.

Podemos identificar el espíritu del anti diseño de un estafador por sus características de avaricia, de engaño, de envolvimiento con estrategias engañosas; sus formas manipuladoras y perseguidoras. Un estafador te va a perseguir hasta lograr su objetivo. Aléjese de él.

Podemos identificar zonas geográficas peligrosas, donde las noticias y los testimonios demuestran la violencia, sus muertos, la prostitución y sus enfermedades, los ilícitos y sus leyes sin carácter correctivo, sus dictadores y sus pueblos hambrientos. Todos estos lugares muestran diseños nocivos y muy peligrosos para establecer a individuos con diseños productivos, con familias ejemplares y con recursos financieros y técnicos; en estos mundos sus diseños se devoran entre si hasta destruirse. Su autodestrucción se lleva a cabo en sus próximas tres generaciones.

> Podemos identificar el espíritu del anti diseño de un estafador por sus características de avaricia.

Ningún diseño desarrollado e inteligente invertirá tiempo, vida y dinero en un lugar nocivo con características de anti diseño.

Podemos identificar anti diseños dominados y controlados por la mendigancia y el pordiosero estafador. Es un mundo donde hay estrategia para transferir fondos de diseños productivos a anti diseños; vagos callejeros, que se convierten en parásitos sociales, traficantes peligrosos que requieren satisfacer sus vicios y adicciones. Es un mundo donde se cree que medio mundo debe regalarles las riquezas a los pobres.

Si los ricos regalarán sus riquezas a los pobres todo el mundo quedaría pobre.

Un diseño correcto enseña a pescar, no se debe fomentar la miseria ni la mendigancia. Todos estos son anti diseños. Un diseño rico enriquece a la humanidad y erradica la miseria.

Presentemos estrategias a la humanidad que enriquezcan su diseño estratégico. Un rico fomenta la riqueza y destruye la miseria y la pobreza. No escuche gente que promueve la pobreza como una visión, es un anti diseño. El diseño correcto llevará a una sociedad al desarrollo económico y elevara la calidad de vida de sus participantes.

Nunca apoye tiranos y dictadores que empobrecen a sociedades y naciones enteras, son anti diseños. Trabajemos, para enriquecer y liberar al mundo del diseño de la miseria.

No escuche ni apoye pensamientos que promueven la anti educación, es un anti diseño. Una sociedad que se educa es rica. Es más costoso durante toda la vida no haber estudiado, que el esfuerzo y costo de una carrera de cinco años. Las sociedades educadas generalmente son desarrolladas y ricas.

No apoye diseños rebeldes anti naturales, ellos son anti diseños; estos generalmente son productores de enfermedades y persiguen destruir el extraordinario diseño de la vida y de la familia. El diseño perfecto contiene un buen padre y una buena madre; son fuente de buenos hijos y de un diseño fundamentado, que se convierte en la base de la sociedad. La familia.

> Nunca apoye tiranos y dictadores que empobrecen a sociedades y naciones enteras, son anti diseños.

No apruebe los diseños anti familiares, es un anti diseño. Si lo aprobamos nos convertiremos en anti diseños. El diseño primario es la familia, es el tesoro más grande que existe sobre la tierra.

ANÁLISIS:

Presente estrategias que permiten amar y proteger el diseño.

Haga un debate.

G. EL DISEÑO DEL BIEN EN COMUNIDAD.

Cuando una persona tiene el privilegio y la oportunidad de administrar bienes, la mejor manera de hacerlas crecer y enriquecerlas es compartiendo con otros.

El diseño del bien en comunidad plantea que entre más demos oportunidad a participar a otros, más posibilidad hay de multiplicar los recursos, y enriquecer a otros. Uno más uno es igual a tres. Este es un planteamiento filosófico, no matemático. Una fuerza productiva de un hombre más otra fuera productiva de otro individuo se convierte en una tercera fuerza. Una persona sola difícilmente podrá empujar un carro y desplazarlo; sin embargo, la fuerza unida de dos individuos se convertirá en una tercera fuerza, que hará fácilmente el movimiento del carro.

Entre más trabajadores podamos involucrar en proyectos, mayor será la productividad. De la misma forma cuando usted coloca sus bienes y riquezas en las manos de más personas honestas, estas le ayudaran a multiplicarlas. Este es un principio que hará que el bien en comunidad se multiplique.

> Entre más trabajadores podamos involucrar en proyectos, mayor será la productividad.

El bien en comunidad es aquel que a través de diferentes fuerzas desarrolla el poder de la multiplicación.

Si eres un empleado agradece a Dios por aquel hombre que ha colocado en sus manos, bienes y recursos para que usted pueda tener empleo y pueda alimentar a su familia y enriquecerse a través de la vida. No vea a su jefe como su enemigo, supere este anti diseño, que cree que el hombre que da empleo es un aprovechado que quiere enriquecerse con el esfuerzo de otros; por el contrario, valoremos y animemos a otros para que monten empresas y puedan dar trabajo a muchos.

La forma como todos hemos captado nuestros primeros bienes y riquezas han sido por medio del trabajo, por medio de un empleo, de un buen hombre que nos dio oportunidades de laborar en su empresa.

> El bien en comunidad es aquel que a través de diferentes fuerzas desarrolla el poder de la multiplicación.

Cuidemos los bienes que colocan en nuestras manos, como tierras, siembras, maquinaria, tecnología. Todos estos bienes son fuentes de riquezas para nosotros y para otros. Tratémoslos como lo que son, fuente de riquezas.

He conocido personas que les han entregado bienes, y dinero y ellos mismos se han devorado la semilla, han acabado con los bienes que colocaron en sus manos y se han empobrecido unos a otros y han empobrecido a los que confiaron en ellos.

Un hombre hizo un negocio, le dio cien ovejas a otro para que las cuidara, las hiciera crecer y las multiplicara. Con el tiempo el dueño de las ovejas vino a ver sus ovejas. Aquel anti diseño administrativo había vendido algunas ovejas para suplir sus vicios, se había comido algunas ovejas y otras las había dejado morir. Finalmente cuando supo que el dueño de las ovejas venia huyo y abandonó su territorio. Todavía anda huyendo, y es más pobre cada día; pues, la miseria siempre alcanza a los deshonestos.

Protege tus bienes y los de otros, estos son fuente de riqueza para mucha gente. Ahí hay riquezas, viviendas, vestidos, educación, salud, recreación, futuro, ahorro. El que no sabe cuidar lo propio, difícilmente cuidara lo de otros. Solo las personas que saben cuidar lo propio y lo de otros enriquece al mundo.

El Dr. Donald Trump afirma que él aprendió a valorar y a cuidar un dólar desde niño. Ahora es el dueño de edificios bellos y costosos en el mundo. Él afirma que él selecciona muy bien a sus trabajadores, y solo contrata a aquellos que son correctos en su administración de bienes y recursos. También está calificado entre los más poderosos del mundo; pues, ahora está en la lista de los presidentes de Estados Unidos de Norte América.

El Dr. Roberth Kiyosaky afirma que la mayoría de empleados ven a sus jefes como enemigos; tienen la idea que la empresa solo debería darles ganancias a los empleados, y que la empresa no tiene derecho a ganar.

Existe el diseño de la justicia económica. Considero que cuando los empleados tienen actitud de rivalidad con su empresa y sus dueños es por falta de conocimiento. Ellos ignoran el diseño de la justicia económica. Todo bien produce valor por sí mismo, por este diseño es que las personas llevan dinero a los bancos y éstos a su vez les pagan intereses; o alguien invierte en un edificio, y con base en su costo produce el beneficio de la renta.

Entonces, cabe preguntar: ¿Qué sería mejor, que sus patrones vendieran las empresas o las convirtieran en edificios de renta y no produjeran más empleo?, ¿cree usted que se quitarían muchos dolores de cabeza? ¿Cree usted que sería mejor?, realmente sabemos que no, la gente necesita empleo.

Debemos admirar los héroes que producen empleo. Deben enfrentar desafíos ante la demanda de sus servicios. Deben tratar con empleados, y clientes aun con actitudes equivocadas; sin embargo no se rinden, siguen adelante, algunos hasta han muerto en el campo de batalla de los negocios, por el stress y la presión del equilibrio financiero. ¡Cómo luchan los empresarios! Hasta con gobiernos que les implantan nuevos impuestos; pero aun así, siguen en pie, realmente son héroes. Los aliento y los bendigo. Detrás de ellos hay pan y bienes para millones de familias alrededor del mundo, animo, ustedes son héroes.

El diseño se debe revisar y perfeccionar. Generalmente surgen dos actitudes de cambio. El cambio rebelde, opositor del diseño; y el cambio sublime, que tiende a elevar y embellecer cada aspecto realizable del diseño. El cambio es bueno siempre y cuando conduzca a embellecer, elevar y fortalecer el diseño ejemplar bendecidor.

El diseño debe bendecir. Por esto fue demarcado y creado dentro de los linderos del bien. Todo lo que hace la raza pensante (el ser humano) debe contribuir a su estabilidad y permanencia. Como ya dije anteriormente, el diseño fue creado con el propósito de garantizar la vida, la conservación y permanencia de nuestra especie y las demás. Todo anti diseño destruye, todo diseño correcto, cumple el propósito de bendecir con su naturaleza protectora y cualidades eternas. El diseño bendecidor garantiza nuestra permanencia y aun nuestra eternidad.

ANÁLISIS:

Según el diseño, ¿Qué son los empresarios?

Describa la actitud correcta de un empleado correcto.

H. DISEÑOS BENDECIDORES.

1. LO FUNDAMENTAL DEL DISEÑO.

Todo se inicia, amando la sabiduría, esencia y naturaleza del diseño. Todo lo que existe fue creado con base en la arquitectura y diseño sabio de un ser supremamente sabio e inteligente.

Dentro de nuestra percepción finita lo hemos ilustrado como el Dios Omnipotente, Todopoderoso, Omnisapiente, Infinito; pues de acuerdo a nuestros cálculos es imposible comprender la inmensidad científica que de Él emana. Seamos sinceros, sin resistencia a lo creado, Dios es realmente sabio y omnipotente.

Reconozcamos con sencillez que todos los diseños del universo son perfectos y sabios, y complementarios. Solo en el pensar, en el complemento y propósito de cada diseño, se puede ver que solo un ser sublime y avanzado, más allá de nuestro entendimiento pudo diseñar y crear este universo lleno de esplendor y gloria. Aquí comienzan las riquezas, mirémoslo con respeto, reverencia, agradecimiento y amor. Él es la base de todo buen diseño que nos ofrece la vida, permanencia y eternidad. Este es el primer diseño bendecidor y la base de todos los diseños del universo. Él es el origen de toda riqueza.

ANÁLISIS:

¿Quién es y como es el Diseño Fundamental?

2. LLEGAR A SER EL MÁS RICO DEL MUNDO.

Teniendo como base nuestro diseño anterior, desarrollemos el diseño bendecidor para nuestra vida personal. El Dios omnipotente, diseñó y creó todo para nuestro bien. ¿Te gustaría tomar su ejemplo? ¿Te gustaría hacer todo para bien de tu propia vida y para bien de todos los que te rodean? Creo que eres noble y diseñado por un Dios sabio que solo desea tu bien; por tal razón no te puedes resistir a desear tu bien y el de los demás. Eres la imagen del Dios todopoderoso.

Si deseas tu bien y el bien de tu familia y de la gente que te rodea, estas en el camino del diseño correcto, y ya tienes la esencia de las riquezas dentro de tu ser creativo interior. El bien es el más grande diseño y la base de toda nuestra acción enriquecedora, el que ama el bien se enriquece y enriquece a la humanidad y a la vida.

"No nos cansemos, pues, de hacer bien; pues a su tiempo segaremos, si ni desmayamos. Asi que, según tengamos oportunidad, hagamos bien..." (Gálatas 6:9-10)

ANÁLISIS:

¿Cómo llegamos a ser los más ricos del mundo?

3. ÁMESE A SÍ MISMO. EL DISEÑO PARA VIVIR.

El diseño original plantea una vida personal deliciosa, es una vida de paraíso, de delicia. Solo quiero darte pequeñas ideas fundamentales que tú puedes ampliar con tu poder creativo.

- Ámese, llena tu mente de buenos pensamientos. Esto llenará de estrategias tu mente hacia las verdaderas riquezas.

- Ámese, llena tu corazón de agradecimiento cada día. Esta riqueza te producirá alegría en tu diario vivir y en cada circunstancia.

- Ámese, has lo bueno, lo motivante, aquello que te llena de fe y fortaleza, cada palabra que pronuncies es tu inspiración que te catapulta a realizar proyectos extraordinarios, que enriquecerán tu vida y al universo que te rodea. Seleccione amigos que hablen de fe.

> Ámese, llena tu mente de buenos pensamientos. Esto llenará de estrategias tu mente hacia las verdaderas riquezas.

- Ámese, lee y oye todo lo bueno que alimente tus sueños y los propósitos por los cuales existes. Te aconsejo leer la Biblia. Esta te llena de fe.

- Ámese, come bien, solo lo que tú necesitas, investiga sobre la comida sana y que debes comer. El buen comer te puede añadir treinta años de vida más de lo que viven los demás. Solo somos ricos y hacemos riquezas mientras vivimos. Come bien, come sano. Este es un diseño que prolonga la vida. Conozco personas que estaban a punto de morir y solo con cambiar ciertos hábitos alimenticios vivieron muchos años.

- Ámese, ejercítate diariamente, ama lo que te hace bien, caminar, hacer trabajo físico es bueno, correr sobre una banda te da vida, hacer ejercicios frente a la computadora te da vida. "Lo que no se usa se atrofia" dicen los fisioterapeutas.

> Ámese, alimenta tu espíritu con la presencia de Dios, él es la fuente de todo buen diseño, él quiere embellecer y enriquecer todas las áreas de tu vida.

Tuve un amigo, vivió más de noventa y cinco años, él caminaba todos los días quince a veinte minutos; todos podemos hacerlo. Todos tenemos tiempo para vivir, y para mejorar nuestro vivir.

Tuve un tío, vivió noventa y siete años, él me decía: "Jorgito, los males y las enfermedades se van con el trabajo", él era labriego, sembraba todo lo que podía, él decía: "algún día alguien comerá de estas plantas", su diseño de vida le hacía cosechar vida, ¡Qué bueno! Únase a gente que le guste el ejercicio, el caminar, el ir al gimnasio. Ámese

* Ámese, alimenta tu espíritu con la presencia de Dios, él es la fuente de todo buen diseño, él quiere embellecer y enriquecer todas las áreas de tu vida. Si alguien comparte ideas pobres del Dios del universo, está equivocado. El Dios del universo creó todo lo bueno, todas las riquezas y las buenas maneras para ser feliz. De él emana toda felicidad. Él es el mejor Padre, él es la mejor fuente de fortaleza, él es tu mejor y más grande amigo.

ANÁLISIS:

Ahora, diseñe un cuadro con cada planeamiento que se requiere para amarse así mismo.

I. DISEÑO DE SIEMBRA Y COSECHA.

Qué bueno fuera no tener que sembrar nada y recibir grandes cosechas. Sin embargo, el diseño está establecido que con base en nuestras siembras; también así serán nuestras cosechas.

Siembra salud para ti: cuando hago ejercicio y corro, pienso que estoy sembrando en mi salud, estoy sembrando un buen ejemplo y creando el sendero de una larga vida. Cuando

> El diseño está establecido que con base en nuestras siembras; también así serán nuestras cosechas.

ayudo a los niños en su educación, estoy seguro que estoy sembrando desarrollo, y un peldaño hacia una carrera profesional; una visión, un sueño, una motivación, mejor calidad de vida. Realmente sembrar es algo dignificante.

Siembra fe y esperanza: cuando doy palabras de fe, de ánimo, de esperanza, creo que algo bueno y extraordinario siembro, a vidas que han perdido sus horizontes, para alcanzar sus sueños. Algunos lo olvidarán, pero la mayoría serán mis grandes amigos durante toda la vida. Sembrar bien produce una gran cosecha.

Siembra alegría: cuando doy un saludo impregnado de sonrisa y alegría, estoy transformando un momento de tensión; posiblemente de tristeza; en un tiempo mejor y en un ambiente que puede hacer cambiar el color del día. Sembrar alegría hace gente feliz.

Siembra bendición: cuando deseo cosas buenas para los que me rodean y aun para otras naciones, estoy siendo una bendición para todo el mundo. Dios nos puso sobre la tierra para que seamos bendición donde quiera que vayamos. Se una bendición donde quiera que vayas.

Siembra en conocimiento: si somos buenos sembradores, tendremos grandes cosechas. No importa la carrera que ejerzas, todo está en la siembra y en la cosecha. Si eres un cántate o músico tendrás que sembrar publicidad, sacrificio, donaciones, relaciones, amistad. Todo lo bueno que hacemos es la siembra que en algún momento de la vida brotará y dará una gran cosecha.

Un ejemplo que me ha impactado sobre la paciencia que se debe tener en la siembra, es el bambú chino. Se ha comprobado que durante cinco años se debe regar, abonar y cuidar; cuando cumple este tiempo el bambú comienza a brotar y a dar cañas hasta de treinta metros de altura. Que espectacular cuando conocí este ejemplo, me aclaró mi horizonte, tuve que sembrar más de cinco años en mi carrera en la universidad. Y durante toda mi vida sigo sembrando conocimiento. Sigo estudiando.

Cuando veía a mis hijas estudiando y haciendo trabajos en sus carreras universitarias, pensé en la gran cosecha que recogerían al final de sus carreras. Y asi ha sido, como las ha bendecido su estudio profesional.

Se han hecho estudios comportamentales acerca de los que estudian y los que no lo hacen. Los estudiosos consiguen buenos empleos y ganan en un año lo que invirtieron en su carrera. Los que no estudian trabajan toda su vida, siendo pobres. Realmente es más costosa la ignorancia que la educación.

Una buena siembra es invertir en el conocimiento. El conocimiento crea las alas, para volar y hacer grandes las cosas.

Siembra lo agradable: existen diseños agradables y desagradables creados por nosotros los seres humanos. Diseños de conductas, costumbres, palabras, cosas que utilizamos que en algunas sociedades son agradables o desagradables.

> Una buena siembra es invertir en el conocimiento. El conocimiento crea las alas, para volar y hacer grandes las cosas.

Todo está basado en sus significados o efectos que producen dichos diseños.

Fuimos creados con inteligencia creativa, podemos crear diseños agradables o desagradables, los diseños agradables te enriquecen, y los diseños desagradables producirán rechazo y serán de corta duración. Crea sistemas con diseños agradables, música agradable, dibujos agradables, pinturas agradables, palabras agradables, edificios agradables, carros agradables.

Durante mi vida he conocido diseños agradables, dignos de ser presentados en pasarelas de Europa y en las mejores pasarelas de Estados Unidos. Cuando era niño en la década de los años sesenta surgieron diseños rebeldes que querían combatir los diseños elegantes de la época. Con el tiempo algunos se adhirieron a estos diseños de ropas, motos y tatuajes; aun a mi parecido que no era malo; que estaba bien; con el tiempo analice y note que ninguno de ellos fue gerente de banco, juez de la nación y menos presidente del país.

Actualmente sucede lo mismo, surgen modas y diseños que para la sociedad son desagradables, nadie dice nada; pues vivo en un mundo donde nadie debe decir nada a nadie. Sin embargo, dentro de su interior y dentro del pensamiento colectivo se puede notar la marginación de estos diseños.

Algunos de estos grupos reclaman su aceptación; pero nadie dice nada; pues, no se debe decir nada a nadie, esto puede acarrear problemas.

Los ricos crean diseños excelentes, convencionales, son agradables para el niño, el joven, el adulto y hasta divertidos para el anciano, por esto son ricos. Todo el mundo los quiere tener, los quiere comprar, no importa el precio; todo el mundo se siente obligado a tener y disfrutar lo excelente.

La vía a la verdadera riqueza está en la creatividad de lo excelente. Pide sabiduría e iluminación a Dios; Él te las dará. Dios creó todos los diseños de la ciencia, llenos de sabiduría e inteligencia. Existe algo extraordinario que va a suceder. En estos últimos tiempos la ciencia y el conocimiento aumentarán.

> La vía a la verdadera riqueza está en la creatividad de lo excelente.

ANÁLISIS:

Describa las diferentes siembras que garantizan una buena cosecha según el Diseño Perfecto.

____

____

____

J. EL DISEÑO DE LA PROYECCIÓN.

La fuerza de la proyección nos llevará a descubrir nuevas posibilidades científicas, para ampliar más nuestra felicidad y calidad de vida. Existe una fuerza, que yo la llamo:

el diseño de la proyección divina; y es que cada peldaño que usted sube en un edificio le da la posibilidad de llegar al siguiente, y todo es así. De la misma forma, todo lo que sabes y haces, es la base para hacer grandes cosas.

Aunque tu principio sea pequeño, estas proyectado a ser muy grande. Dentro de este diseño todo lo pequeño se vuelve grande.

Cuando comprendí esta verdad me di cuenta que todo lo que yo era servía de base para hacer cosas mayores. En tu vida es igual. Todo lo que eres es la base para hacer cosas mayores.

> Cada peldaño que usted sube en un edificio le da la posibilidad de llegar al siguiente, y todo es así. De la misma forma, todo lo que sabes y haces, es la base para hacer grandes cosas.

En el juego del monopolio, los que logran comprar tres casas, las pueden cambiar en un gran hotel rojo. Si tienes una casa puedes comprar dos más o cinco, etc. He conocido testimonios de muchachos que a sus veinte años entendieron el diseño de la proyección y compraron una casa, y en diez años, a sus treinta años de edad tenían cincuenta casas.

Dinero produce dinero. Trabaja y consigue un capital, este capital es la base en el diseño de la proyección. Dentro del diseño del tiempo, este capital se convertirá en millones. El diseño de la proyección, permite que se hagan millones de riquezas dentro de la proyección del tiempo.

El tiempo es un gran amigo de los buenos procesos, pero también es un gran enemigo dentro de los anti diseños. Dentro del tiempo podemos desarrollar el diseño de proyección, y hacer grandes aportes a la humanidad, y hacer grandes riquezas. Usted se puede convertir en un o una gran modelo; si se ejercita, y estudia la pasarela, en poco tiempo usted puede proyectarse a embellecerse físicamente.

En poco tiempo usted puede proyectarse, y hacer un plan numérico para alcanzar un volumen de riquezas. Comience con un día; un poco más, en una semana; pero, un tanto más en un mes, y un buen capital en un año. Una gran empresa en cinco años, o grandes inversiones en diez, quince o veinte años. Todo está en el diseño de la proyección. Diseñe el plan y comience.

Existen anti diseños que conducen a la ruina. Se hizo un estudio en un hombre que durante toda su vida fumó tabaco; cada día fumaba diez cigarrillos, este tenía un costo de solamente dos dólares diarios, durante un año se fumó setecientos treinta dólares; En diez años siete mil trescientos dólares, vivió cincuenta años fumando cigarrillos hasta que murió. Este hombre fumó treinta y seis mil quinientos dólares. Se hizo un estudio que si este hombre hubiese colocado estos dos dólares diarios en un sistema de ahorro al final de sus cincuenta años de ahorro hubiera tenido más de cien mil dólares en ahorros, con sus intereses acumulados. Además, hubiese vivido más; pues su salud y calidad de vida, le habría acumulado de quince a veinte años más de vida. Estos sistemas de vida son anti proyección.

> No es la cantidad de dinero que ganamos lo que nos hace prósperos y ricos, es la proyección que hacemos con lo que ganamos; es lo que tenemos, lo que nos enriquece.

Se considera que el 90% de la población mundial vive este tipo de anti diseños. Solo el 10% ha logrado abrir sus ojos al desarrollo y al enriquecimiento. Y ahora usted.

No es la cantidad de dinero que ganamos lo que nos hace prósperos y ricos, es la proyección que hacemos con lo que ganamos; es lo que tenemos, lo que nos enriquece.

ANÁLISIS:

Explique la ley de la proyección.

K. DISEÑOS INTELIGENTES.

Existe un diseño correcto para una necesidad existente. En el mundo de las necesidades surgen los diseños inteligentes, y en el mundo de las necesidades los inteligentes se vuelven ricos. Un hombre llamado Isaac llegó a una tierra donde había hambre, quiso moverse; sin embargo, Dios le hablo y él dijo: "quédate en una tierra hostil", se quedó y sembró en aquel año y tuvo gran cosecha, y el cambio alimentos por riquezas, el hombre se enriqueció; tuvo vacas y ovejas y gran labranza y se hizo poderoso.

Ayude a la humanidad, cubra sus necesidades, ellos le amarán y usted se enriquecerá. Un hombre llegó a una aldea con un carro lleno de zapatos, su corazón se llenó de tristeza cuando vio que en aquel pueblo nadie usaba zapatos. Se regresó y le contó a su mejor amigo su gran fracaso.

Este amigo cuando escuchó semejante historia se dio cuenta que esta era su gran oportunidad. Le dijo a su triste amigo: "dame esos zapatos yo se los vendo". Condujo el carro lleno de zapatos al pueblo olvidado, sacó los zapatos y dijo: "tengo el mejor invento del mundo, se llaman zapatos, evitan que usted se maltrate los pies, o se corte sus pies; le protegen de infecciones; usted caminará más descansado con este nuevo invento ". La gente se acercó, probó los zapatos, se sintieron cómodos y más animados cuando el hábil vendedor dijo: "tengo un número y una medida precisa para usted". Todos compraron, desocuparon el camión. El hombre se enriqueció, fue necesario traer contenedores de zapatos.

> En el mundo de las necesidades los inteligentes se vuelven ricos.

Hay una necesidad que alguien tiene. Usted debe decir: tengo lo que usted necesita, su número, su medida, a su gusto. Este es el diseño de lo correcto para la necesidad correcta, ayudar a otros en sus necesidades nos enriquece.

Describa el diseño inteligente anterior y sus resultados.

L. EL DISEÑO DE LA REMUNERACIÓN.

El diseño de la remuneración. Trabajo es toda actividad productiva. Si es productivo el trabajo quiere decir que produce un bien, la producción de un bien requiere de desgaste y energía, y el consumo de vida de alguien. Cada día de trabajo es un día menos de vida, el salario es la remuneración a cambio de la energía, o el día de vida de alguien.

> Si pagas bien, mañana te pagaran bien, esta es la medida que tu dejaste.

Se debe mirar con justicia y respeto este sacrificio, todos estamos consumiendo algo para el bien de todos. El incentivo económico o retribución se le denomina remuneración. Si creamos un buen nivel de remuneración todo será más balanceado, y al final del camino de la vida, todos estaremos bien.

Nosotros ponemos el diseño llamado medida si pagas bien, mañana te pagaran bien, esta es la medida que tu dejaste.

ANÁLISIS:

Explique el buen diseño de la remuneración.

CAPÍTULO VI

EL DISEÑO ETERNO.

NUEVO DISEÑO, CIELO NUEVO Y TIERRA NUEVA.

Existe un diseño eterno, con condiciones totalmente diferentes a las nuestras. Con dimensiones que nosotros no conocemos. Lo maravillosos es que nos está esperando

"Vi un cielo nuevo y una tierra nueva; porque el primer cielo y la primera tierra pasaron, y el mar ya no existía más. Y yo Juan vi la santa ciudad, la nueva Jerusalén, descender del cielo, de Dios, dispuesta como una esposa ataviada para su marido. Y oí una gran voz del cielo que decía: He aquí el tabernáculo de Dios con los hombres, el morará con ellos; y ellos serán su pueblo, Dios mismo estará con ellos como su Dios. Enjugará Dios toda lagrima de los ojos de ellos; y no habrá muerte, ni habrá más llanto, ni clamor, ni dolor, porque las primeras cosas pasaron. Y el que estaba sentado en el trono dijo: He aquí yo hago nuevas todas las cosas. Y me dijo: Escribe; porque estas palabras son fieles y verdaderas. Y me dijo: Hecho está. Yo soy el Alfa y la Omega, el principio y el fin. Al que tuviere sed, yo le daré gratuitamente de la fuente del agua de la vida. El que venciere heredará todas las cosas, y yo seré su Dios y él será mi hijo" (Apocalipsis 21:1-7).

Lo mejor está por venir… Viene un nuevo diseño.

Oración de acción de gracias.

Amado Padre Celestial, gracias por todas las cosas bellas que me enseñas en tus Sagradas Escrituras. Gracias por enseñarme el diseño de tu grandeza, gracias por revelarme el Diseño Perfecto de tu hijo. Perdóname por no haber alcanzado tan inmenso privilegio: Ser como tu Hijo.

Amado Padre, hoy quiero, que realmente el Diseño de tu hijo se haga parte esencial de mi vida. Mi profundo deseo es que tu Hijo Jesucristo siempre sea mi Señor, y mi Salvador, y mi modelo de vida. Quiero ser como tu hijo. Quiero disfrutar de este máximo privilegio y de este máximo éxito. Ayúdame y enséñame a ser como tú. Amén.

CONCLUSIONES

"Gracias sean dadas a Dios, que nos da la victoria, por medio de nuestro Señor Jesucristo" (1 Corintios 15:57).

Al concluir este Estudio de Teología Apologética, damos gracias a Dios, por permitirnos comprender su Grandeza, su Poder y cada una de sus Perfecciones; las cuales nos llevan a inclinarnos, y reverenciar al Dios de los cielos.

Nos llenamos de esperanza, pues lo mejor está planeado para los hijos del Creador, y sabemos que lo mejor viene, y pronto se manifestará a nuestras vidas.

El diseño plasmado y registrado en la eternidad, desde antes de la fundación del mundo nos espera. Pues hemos sido predestinados para ser conforme a la imagen de su Hijo.

Gracias Dios, por la vida, y la oportunidad de ser como tú.

Gracias, Amado Padre Dios, por enseñarnos que siempre hay algo mejor de lo que nosotros hemos podido percibir con nuestros sentidos y entendimiento.

Gracias Señor, por revelarnos tu Diseño Perfecto.

Olfidier Jorge Gama C.

BIBLIOGRAFÍA

1. CHAFER, Lewis Sperry. TEOLOGÍA SISTEMÁTICA. Tomo 1. Ed. Clie. Barcelona, España.

2. BERKHOF, Louis. TEOLOGÍA SISTEMÁTICA. Ed. T.E.L.L. 1995. USA.

3. PEARLMAN, Myer. TEOLOGÍA BIBLICA Y SISTE-MÁTICA. Ed. Vida 1981 Miami, Florida.

4. RYRIE, Charles C. TEOLOGÍA BÁSICA. Ed. UNILIT 1993 Miami, Florida.

5. McDOWELL, Josh. EVIDENCIA QUE EXIGE UN VE-REDICTO. Ed. Vida. 1982, Miami, Florida, USA.

6. GRAU, José. CURSO DE FORMACIÓN TEOLOGICA, Ed. CLIE, 1973. España.

7. STAGG, Frank. TEOLOGÍA DEL NUEVO TESTA-MENTO. Ed. CBP. 1987. USA.

8. SANTA BIBLIA. Revisión 1960, Publicada por Broadman & Holman Publisher, 2000. Nashville, Tennessee. USA.